隔代不隔愛

蔡穎卿 著

目錄

愛不分世代

沒有代溝的叮嚀

另一種陪伴

推薦序

對自己、對孩子金不換的良書

國立中央大學及台北醫學大學講座教授
洪蘭

讀蔡穎卿老師的書是一大享受，因此，接到出版社寄來的書稿，我立刻放下手邊的工作，好好地來犒賞自己一番。

認識蔡老師的人都會被她溫文爾雅的氣質所吸引，她恬靜的舉止好似古代畫冊走出來的仕女。但是她最令人敬佩的是她明辨是非、一絲不苟、堅守原則的做人做事態度，這可以從書中「保護天真」這個例子看出。

孩子最可愛的是純真，是大人最要保護的一點。我曾在一個婚禮上看到花童被畫上了雙眼皮、戴上了假睫毛。她很不自在，我看了也很彆扭，可惜我沒有蔡老師的勇氣，去告訴她的父母純真是最美的。

蔡老師說：「在教育上，直言是情義的必須，應該注意的不是『甜蜜』而是『誠懇』」，我覺得太對了。忠言逆耳，人都不喜歡聽不好聽的話，但是沒有人指出來，自己怎麼能改正呢？因為人的眼睛長在前面，只能看見別人的過錯，看不見自己的，人真的是「苦於不自知」，所以才要有鏡子來正衣冠。但是行為的差錯鏡子卻照不出來，它需要別人來指正，誠懇是讓人接受忠告最好的方法。

很多人喜歡用「激將法」，以羞辱貶低孩子去激勵他。我很反對，這是很不可取的，就算他拚著一口氣，最後成功了，這成功的代價也太大，這種心靈的傷痕很難癒合。我們常聽某個成功的人說：「感謝某某當年瞧不起我，不然我不會有今天。」但是我總是想，若是當時罵他的人好好地講，誠懇地勸，他可能一樣成功，但不會悲苦或憤世嫉俗一生，造成人格偏差。孩子都渴望愛和稱讚，得不到時，常會終身不滿足，好像填不滿的溝壑。Bubu 老師學校裡的每個孩子是幸福的，因為她的方法是對的。

書中有許多非常好的教育觀念是我們在生活中常常忽略的，比如說「吃飯無論餐食簡單或豐富，都要好好布置餐桌」。這句話使我想起卓別林在一部老電影中演一個流浪漢，雖然窮到沒飯吃，鍋內煮的是破皮鞋，但是用餐時，他仍然掏出手帕，鋪在石頭上，擺上刀叉，正正式式地切那隻皮鞋。

吃是個藝術，中國人說「穿一代，吃三代」，一代有錢懂得穿（俗話說「穿的跟暴發戶一樣」），但是三代有錢才懂得吃。這個吃，除了食材，還包括環境，乾淨是第一要素。其實布置餐桌不難，一張乾淨的桌布、一瓶小花，立刻使人心安靜下來準備接受食物。「色香味」中，色擺在第一位是有道理的。

下面那一句「不挑三揀四，懷著感恩的心享受每一餐」在現在更是重要，因為我們已經遠離農耕的社會階段，不需要自己親自操作便有食物可吃，這使很多孩子不懂得珍惜，對盤中飧挑三揀四、不感恩農人的辛苦。

幾乎所有的宗教在飯前都有感恩的儀式，感謝所有為這一餐所付出的人。這個感恩之心若沒有人教，常被認為是理所當然，因為我有付錢。我母親過世以後，我一直感到很內疚，因為年輕時，不知道母親提十口之家菜籃之重，還一直要求母親買甘蔗。在民國四十年代，台灣沒有什麼水果，甘蔗是便宜又多汁，我很喜歡放學後，一邊啃甘蔗一邊看報紙，覺得那是上學一整天最大的享受，所以母親總是替我準備一根甘蔗。我一直到從美國回來，跟母親去菜場時，才發現在沒有拖車菜籃的年代，要求母親提著很重的菜籃，還要拖著甘蔗走回家是很不應該的事。蔡老師從小教孩子惜福感恩真的是莫大的功德。

書中有很多點，我都希望我孩子小的時候我有教過他，比如說，體貼。我常常聽到女學生來抱怨說：「老師，我打算跟他分手，他很好，但是就是不夠體貼。」而失戀的男生也會來問，「老師，去哪裡學體貼？」Bubu 老師說體貼需要敏感度和觀察力。的確，要能從別人的眼神和細微動作中，了解別人的需求，看起來是很不容易，但幸好它可以教，父母就是最好的老師。

我念中學時，台灣很多人家還沒有電冰箱，夏天早上，我母親會燒一大鍋水，放涼後，放入冰箱成為冰開水。當郵差來送掛號信或工人來做工時，母親會叫我們倒冰開水出去給他們喝。曾經有個郵差跟我說：「我最喜歡送你家的掛號信。」母親說：假如你必須在大太陽下奔波維持一家的生計，當你被太陽晒的頭昏眼花、汗流浹背時，你是不是最感謝有人能給你一口水喝，尤其是冰水？花一點柴火，多用一點力氣，又有什麼關係呢？

最後，Bubu 老師告訴家長，當孩子來告訴你「我有事要跟你說」時，請不要說「我現在忙，等會再說」，而要立刻放下手邊的事，蹲下來，聽他講。

父母的立即反應很重要，它讓孩子知道他在父母心中是重要的，占第一位的。而且就如 Bubu 老師說的，事情再壞，晚一點知道內容也不會改變，但是拖延的這幾個小時，對孩子和大人都是煎熬，又何必逃避呢？駝鳥頭埋得再深，也終要伸出來呼吸，但是不及時處理，會使孩子惴惴不安，我就知道一個孩子在父親給他答覆前，選擇了跳樓。

我父親常跟我們說，再大的事，回家告訴父母，父母跟你一起承擔。父親的那句「兵來將擋，水來土掩，天下沒有跨不過去的崁」，伴隨我一生，使我敢跨院轉行去念神經科學。安全感是父母給孩子最好的禮物，終身受用不盡。

這本書有太多教養的要點我一時說不完，只能請大家放在床頭，夜闌人靜時，拿起來細細地讀，對自己、對孩子都是金不換的良書。

自序

自憐璧玉親教舞

我寫這本書是為了分享我以不同的兩種角度教學所得的經驗與心得。希望這本書繼續實踐我要當好大人的心願，並對隔代教養提供一些想法。

今年六十歲的我，與同齡的朋友們一樣，無論家中是否有第三代，從社會意義的角度上來說，已是「祖輩」。當孩子們的「大長輩」不容易，我們需要適切的態度與更好的修養，才能與新生一代的小朋友好好相處。

我所謂「好好相處」的定義包含：

相處愉快，彼此喜歡。

需要給予下一代指導或建議時，我們沒有顧慮與畏懼；而他們需要幫助與意見時，也能坦然以告。

我們的言行有長輩的高度，心懷長輩的慈愛；孩子們有孩子們該有的天真可愛，和晚輩應有的體貼與禮貌。

與孩子相處時，我們的眼中看到進取，心中滿懷希望；孩子跟在我們身邊的時候，他們有心靈絕對的安全感。

我們誠心努力傳授自己所懂的知識與生活技術；孩子們尊重地、歡然地接受和練習，又認真地呈現在生活中，使自己的成長得益。

任何一本關於教導的書，都不可能在短時間中寫成，這本書也一樣。它可以說是我足足兩年來，每個星期三天與孩子或與他們的母親們上課後，踏實反省的筆記，也可以說是我面對不停變動的教養主張時，逐日深刻的反思與日益

堅定的看法。

幾年前，我曾教過小朋友讀一首王維的詩，詩中有這樣的句子：「自憐碧玉親教舞」，雖然說的是一位年輕的紈褲子弟珍惜寵愛的嬌妻，因而不假他人之手地傳授舞藝，但那一個「憐」字點出的愛，總讓我想起如今社會中有那麼多祖輩，把孫兒帶在身邊，幫助他們的孩子完成「喃喃教言語，一一刷毛衣」的養育工作。他們不斷地付出，經常點亮我在教學上的心燈，使我在面對小朋友時，自勉要想得更周到、做得更仔細。

進一步的相處

開場白

進一步，是責任加重的一步，也是心靈靠近的一步

二〇一八年的五月，九十二歲，身體一向非常健康的父親，在一日間病倒了。爸媽在南我在北，經常的探望、過久的停留，使一向獨立、不想影響子女生活的母親，開始有了因顧慮我們而產生的壓力。

我想了又想，如果真的像媽媽建議，我久久再南下一趟，那我的掛心可能帶給自己工作與生活更大的影響；而如果我不考慮探望所帶給母親的心情負擔，那也不體貼。幾番思索，我決定把一部分

的教學工作移到高雄。沒想到在很短的時間內就找到合適的地方。二〇一九年八月時，我已在父母居處的隔棟開辦了一個可以住宿的小工作室，開始每個月南北往返的生活。

我沒有想到，這一步，在我跟孩子們的相處上，開啟了一種很本質的改變，我因此才了解到：

一個年長的教室老師和一個必須跟孩子日夜相處的祖輩之間，所有的不同；我更看到，貼近照顧孩子潛藏著教育上的許多好機會。

當然，對照顧與教導的一方來說，體力心情的負擔也非平日上課所能相比。但是，看著孩子因為相處、照顧、教導而柔化、懂事、體貼，那樣的喜悅是足以彌補體能勞累的。

在討論教導孩子們的好機會前，讓我先說說當我跟小朋友像真正家人一樣日夜相處時所發生的一些小故事。

留在心裡的味道

那飄散在空中的味道，
其實從來就不單只是鼻息之間所分辨的分子問題；
孩子們的聲音、動作，與夕陽映照在愛河粼粼波光的記憶，
既烙在他們趕著長大的心版上，
也刻在我日漸年老的回憶中。

孩子們都離開後，高雄工作室一、二樓的空間突然靜了下來。那安靜之中飄浮著一絲寂寞的感覺，好像，孩子跟我擺手道再見時，他們一回頭就把「不捨得」留下來了；也像他們拖走的行李箱中，偷偷地裝了一些幾天之內一起生活，將揉合而成的回憶與氣氛帶走了。

小朋友離開，我應該要覺得終於可以大大鬆口氣的，然而，和鬆一口氣相比，失落總是輕易地就微微地占了上風。

有一次，我人都還沒有回到台北，就收到一個小女孩媽媽的來信，信中寫著：

Bubu 老師：

從小住校到昨天，子恩的情緒一直無法回到正常，頻頻掉淚，說很想念老師和同學，擔心不能再見面。想是因為受到老師和翁大哥的諸多溫暖和陪伴，我聽她分享那幾天的生活點滴，更告訴她要改進自己的缺點，要用好好用功來報答您和翁大哥。

子恩媽媽敬上

過了幾天，我在星期四媽媽課的班上再見到這個孩子的母親，她告訴我，孩子從高雄回到台北後，三天都不肯洗頭，說她想留住在高雄的「味道」。

我一聽，別過頭去，一時心中溫熱了起來，又怕眼眶不給我留情面，透露了跟孩子一樣的心情。

孩子說的「味道」無關於洗髮精、沐浴乳的品牌或其他，但也許，我知道她想留在心中的是什麼？

那三天不願意洗頭的稚氣想望，使我想起每一個小住校的黃昏。孩子們總是興奮地在幾間浴室裡忙進忙出，互相幫忙拿衣物，彼此叮嚀別忘物。那吱吱喳喳的說話聲，與蹬蹬咚咚的腳步聲，連在一樓廚房忙的我，也從長梯往下飄送的音聲中感覺到一起生活的興奮與快樂。

從盛夏到入冬，從天冷轉溫暖，一梯梯次的孩子們，來了又回家。雖然季節更迭，而我從樓下往上喊的叮嚀，卻總是沒變。

「要多沖一會兒……」

「要注意水溫……」

「頭皮一定要吹乾……」

在不夠放心，或手中空下時，換我蹬蹬蹬地上樓去了。我檢視有沒有孩子需要幫忙，順手就接過吹風機幫那些小的吹頭髮；吹著、吹著，自然又教起他們該怎麼更照顧自己。都是小事，而我怎麼就說不厭？都是小事，而孩子又為什麼總不嫌我煩？臨河一面的落地窗隔著窗簾帶來一室美好的色溫。那飄散在空中的味道，其實從來就不單只是鼻息之間所分辨的分子問題；孩子們的聲音、動作，與夕陽映照在愛河粼粼波光的記憶，既烙在他們趕著長大的心版上，也刻在我日漸年老的回憶中。

雖然，那「味道」的確無關於洗髮精、沐浴乳的品牌，但我還是用一個小小的空瓶裝了小住校用的洗髮精，託媽媽帶回去給回家後不肯洗頭的孩子。我想，在她大到懂得味道是可以留在心中之前，這一小瓶洗髮精帶去的，是我的謝謝與祝福，謝謝她們的乖乖與可愛，祝福她們能快樂的長大。

那一刻，我其實不是老師，而是奶奶或外婆

面對孩子生病的時刻，
我在心理上已經不是一個老師，而更像奶奶或外婆了。
如果眼前這個孩子是我的孫輩，父母帶她回家，我一樣會擔心；
而如果，眼前這孩子真的是我的孫輩，
我更不會以「誰來負責」去思考孩子的照顧。

這一年裡的小住校，孩子們發現了一件事，他們回家去告訴父母說：「Bubu老師晚上好像都沒睡覺。」

當然，我不會整晚都不睡的，但要一夜安睡到天明，也是不可能的事。孩子終歸是孩子，有許多事讓人牽掛，尤其是他們睡覺穿的衣服，夏天冬天從沒讓我放心過。

被子厚了，踢被；冷了，縮著身體也未必拉被，所以，我整夜要巡好幾次

才安心。有時要把因為翻身，微微拉開而露出小肚皮的衣被整好，又怕驚醒了他們的酣夢。有幾次，還得從一個孩子身上把另一個孩子的手啊腿的拔開。也有幾次，得貢獻出自己的被子給那個把自己的被子壓在背上，然後攤著肚子的孩子蓋。誰忍心把睡得這麼熟的孩子叫醒，抽出被子；誰又能不擔心這樣睡到天亮會不著涼？他們醒來，聽我說起前夜自己種種睡相時，總是樂不可支，一點都不寄我同情呢！

孩子們讓我睡不好，還有一個原因是他們的配備：一個發光的錶，睡覺時只要翻身，手一動，在幽暗處，就能看到這裡一道閃光、那裡一劃突明，弄得起先不明就裡的我，時時驚醒。之後，我問孩子，為什麼錶要這樣子發光，他們答說：晚上看才方便！

我又問：睡著了為什麼要時時看錶？

他們答說：想知道時間。

我就取笑他們，白天時間管理不好，該好好休息時卻有看錶強迫症。大家哈哈大笑之後，終於答應我睡前把錶都拿下。夜裡手上的流星終於不再干擾我。

除了手錶的干擾之外，孩子偶爾也會生病的，這樣的夜晚，最讓人憂心。有一晚，報到時已輕微感冒的男孩發燒了。他真是乖，也一點都不想麻煩我，自備著耳溫槍、藥。我每次一要走近他，想摸摸他的額頭，他自己立刻量耳溫，跟我報溫度。而每一餐飯後吃藥，我才要開口叮嚀，他已自己乖乖吃完。就這樣，白天生龍活虎，夜裡燒著，第二天夜裡也不見更好，我們都很擔心，深夜 Eric 決定還是出門去買退燒敷貼。

在擔心、照顧和孩子的體貼中，第三個早上，疑惑終於解開。因為，地板上總有一些粉末。我研究了那粉末之後，才發現小朋友守著叮嚀，體貼但性急，藥粉一倒，大半都沒吃進去。有些在地上，有些在身上。想想真是可愛！

我和小朋友們笑成一團。燒雖然沒能從那一刻就退掉，但心頭的憂慮卻頓時減了一半。

孩子來到我身邊，病了的時候，我總要通知父母一聲的。他們的父母都是很好的人，立刻就會問：「老師，這樣是不是太麻煩您了，要不要我現在就南下去把孩子接回來？」有兩個原因，我總說不用。

一是我已當了三十五年的媽媽，應該還記得怎麼照顧一個普通感冒，或腸胃不舒服的孩子。

二是孩子的父母在遠方，南北舟車勞頓之外，生病的孩子立刻要趕路回家，反而失去人生病該好好休息的條件。

除了這兩事的考慮之外，如今面對孩子生病的時刻，我在心理上已經不是一個老師，而更像奶奶或外婆了。

如果眼前這個孩子是我的孫輩，父母帶她回家，我一樣會擔心；而如果，眼前這孩子真的是我的孫輩，我更不會以「誰來負責」去思考孩子的照顧。

家人和朋友們都曾經問過我：「如果出了什麼事，你不怕家長要你負責嗎？」我曾經想過，但不是害怕。因為，當孩子真正生病的時候，我在全然專注的照顧中忘記了責任歸屬的思考，也忘記了「萬一」可能帶來麻煩的恐懼。

隔代不隔愛
那一刻，
我其實不是老師，
而是奶奶或外婆

你當然可以哭，但是……

我總是選擇一條更簡單的路走：
不羞辱孩子，但實事求是地堅持他們應達的標準。

我猜想，有一些孩子上課前並不知道父母幫他報了名。也一定有些小朋友以為，來小住校是類似於「觀光度假」，等報到之後，才知道自己要過的是「比家更家」的每一天；一日不做，一日沒得吃用。

第一次來的孩子們，多半不是在第一天就愛上小住校的生活。我相信他們對這樣作息穩定，每天要為自己效力的生活，是一天天加增愛意的。

我是一個嚴格的長輩，我的嚴在省思中大半自覺是因為「必要」。如果不嚴格，我就完成不了對孩子可愛的保護，因為，可愛是「可以愛」的縮語。如果我們對孩子的不上進感到灰心、對他們的玩鬧感到厭煩，那麼，再多的愛也支撐不出一個好臉色或一段真正溫和的語氣。所以，我總是選擇一條更簡單的路走：不羞辱孩子，但實事求是地堅持他們應達的標準。

有個初報到的黃昏，孩子們都完成行李物件的歸位，也分配好衛浴空間、每日大致的計畫之後，我要孩子們拿出各自帶來的樂器，分頭練習。在我的認知中，社會從學校已起步基本的音樂素養，小學畢業時，無論城鄉，也無論家庭豐儉，每個孩子都可以認得簡單的五線譜、數字譜，而這一代孩子會彈唱吹奏一種樂器，更是理所當然。

我交代完音樂習作之後，有的孩子帶著小提琴上樓，彈鋼琴的孩子也戴上耳機在練琴，樓下卻見一個男孩抱著一把烏克麗麗在低聲啜泣，眼淚如斷線的珍珠般滾滾而下。

我驚訝地問：「怎麼了，哪裡不舒服？」

孩子難過地說：「我……不……會。」那樣斷斷續續著聲音，久久才把三個字說完，讓我不禁懷疑他身體必然有某處不舒服。沒想愈要問個仔細，孩子愈是哭得激動，待我完全弄清楚，真的只是因為不會而不想彈的那一刻，我就知道自己該怎麼處理這件事了，而當時，他已如孟姜女哭長城那樣的心力躺臥在書房的地毯上。

我告訴他，不會我來教，但孩子卻肝腸寸斷，一字配一聲地哭說：

「不……要。」

我又說：「你只要坐起來，把琴拿起來撥四條空弦，就能彈出四個音。」

他又哭，哭了又說：「我……不……要。我……不會。」

我耐下心來再說服：「每一個人不會的事多的是，學了就會，趕快坐起來！」而他始終不肯。

我覺得不能再勸慰了，因為再說下去於事無補，只幫助孩子誤判情勢，把時間順利拖過；明天，也許我們師生兩人還得重新把這碼戲、這番對白再說一次，那真是時間與心力的大浪費。更何況，其他本來好好在練習的孩子們都已分心棄務地圍觀起熱鬧來。

我改口說話了，我說：「好，你可以哭，但哭完了還是要學。不過你不能在這裡哭，因為你已經嚴重地影響了其他小朋友的練習。我們樓上樓下總共有五間廁所，五間淋浴室。隨便找一間進去好好大哭一場，哭完之後，趕快找我，我馬上教你。」

話說完，見到孩子從躺著的地上起來了，沒有上樓，轉身去了一樓的洗手間。我聽到擤鼻涕的聲音、聽到沖馬桶的聲音，在幾分鐘之內，我就見到整理好自己的孩子走到我的身邊。

我什麼話也沒多說，因為，正如我說，只要拿起琴，動一動手指頭，所有由 La、Mi、So、Do 組合而成的歌就能傳入自己的耳中。

畢竟是一個聰明的孩子！

在聽完我的話之後，他懂得我的決心，也在哭與彈之間，做了一個對自己更有益的選擇。

懂事帶來的安慰

只要當孩子挺起肩膀，以負責回報共同生活的關心時，「累」就不再是時間被綑綁或肢體過度操作的意思，累是愛心與敬意的積聚與加增。

孩子們的懂事可以安慰照顧他們的父母，或代為照顧的長輩，但乖順的行為不能是另一種索取的代價。

教育一個孩子不容易，教育的責任是要養出他們的真心，知道自己在環境中因為負責而受稱讚，而不是為了讚美而選擇值得去完成的任務。

雖然到我身邊的孩子們既不是我血緣上的子孫，也不曾有親戚關係的後生晚輩，但我幸運地在他們的父母或祖輩不在身邊時，感受小小年紀就承擔起責任的欣慰。我但願那一幕是孩子們的家長或祖輩的心情，因為一個懂事的孩子、一個有承擔的肩膀，總是最有用的。

我要說的感受是從一個憂慮的夜晚到第二天清晨所發生的故事。那一刻，再次提醒我，心懷憂愁的大人最需要的是一個懂事的孩子。

用餐與閒談結束後，大家正要起身收整時，小女孩蕾蕾吐了。這突如其來的狀況驚嚇了所有的孩子。我急急走向那個用雙手掩嘴，一臉慌張抱歉的蕾蕾，同時想著，該怎麼安頓所有的孩子。

我很快下了指令，跟所有的孩子們說：「Bubu 老師今天不跟你們一起收拾廚房，因為我要帶蕾蕾上樓去洗個澡，讓她好好休息。你們可以一起合作，像我們平常那樣把廚房收拾乾淨嗎？」

孩子們都很有同情心，沒有任何一張臉上露出一絲猶豫的神色。有的點頭，有的出聲說：「可以。」於是我不得不完全地放下心，先攙扶生病的蕾蕾

上樓去。照應她洗澡，幫她把床鋪好的同時，也豎起耳朵聽樓下傳來每幾分鐘就發出的洗碗機聲和他們合作時嚴肅的呼應。

牽扯著對生病孩子的掛念和對樓下小朋友工作的擔心之中，我卻感覺到一絲比平常生活更真實的放手與信任。

問題來的時候，我們不能不放手，孩子也不能不接起責任的考驗。然而，他們實在是比自己所了解得更要好，因為，當關懷加上真正的能力，所有的人都可以激發出更大的力量。

照顧蕾蕾睡下後，我開始呼喚幾個年紀較小的孩子上樓來洗澡。每個孩子上樓後都很體貼，輕手輕腳地走，又很擔心地繞到窗前的床邊問：「蕾蕾還好嗎？」我一一安慰了孩子，要他們不用掛心之後，想到樓下還留著兩個六、七年級的大男孩，趕緊下樓去看看他們。

一眼看到大餐桌與廚房，和幾個檯面都收拾得一乾二淨，洗完的餐具也都收回餐櫃去了，但兩個男孩子還在刷洗鍋子。

我很感動，感動於他們說到做到，並同心協力的合作，也實在不忍心孩子們再做下去，於是催促道：「可以了，明天我們再繼續收拾！」沒想孩子跟我說：「可是，老師，我們還有兩支鍋子沒刷完。」

我自己也倦了，所以對孩子更起了不忍心。我找了一個再合理不過的理由說：「鍋子現在刷不掉，我們先泡上水，明天再刷。放掉洗碗機的水，上樓吧！」孩子不疑有他，給鍋子裡放了水，按照關洗碗機的程序謹慎操作之後，上樓洗澡。

一夜無事，微恙的蕾蕾起床後氣色也很好，我像往常那樣，在一樓等著孩子們起床更衣、理床後，下樓吃早餐。萬萬沒想到的是，在一室溫暖安心的陽光下，還有比陽光更讓人心喜的話語翩然到來。昨晚掛念著責任未了的男孩，在跟我道過早安後說：「Bubu 老師，我覺得我應該去把那兩支鍋子刷起來！」然後他走向水槽邊，很有責任感地把前一晚沒做完的工作完成。

對每星期得面對許多勞務，並執意要以生活所有真實勞務來教導孩子的我來說，怎麼可能永遠不累。但是，只要當孩子挺起肩膀，以負責回報共同生活的關心時，「累」就不再是時間被綑綁或肢體過度操作的意思，累是愛心與敬意的積聚與加增。

不要去睡那張床

雖然只是鋪床，卻也讓孩子跟我興味十足地找到日常的趣味。
雖然床單和被單都很舊了，但舊物裡存在的是維護生活的新鮮心情。
讓資淺的孩子們，看到長輩不喜新厭舊，
那物品的舊，可以用來教導愛護生活的心情。

在設計高雄工作室的空間時，我滿腦子想的都是孩子。想一個孩子的生活「應該」如何？又絕「不該」如何？

在我的理想中，孩子應該有的生活是基本衛生條件夠好和能身處於質樸的美。所以，我花費最多的心力在空間的分隔與設備。

我在一樓設置了他們勞動與學習需要的一個大廚房，用餐和讀書兩用的大桌子，還有一個讀書遊戲兼用的書房。至於臥室，除了床墊夠舒服，床單被套很清潔之外，我沒有以幾人一房去設想隔間。

我知道照顧孩子不容易，所以連自己的房間都沒有築牆起壁，而是跟孩子們連通敞門地彼此照應。雖然，起居坐臥的一切都很基本。但畢卡索口中那一個個天生的藝術家（兒童），要持續地在日常生活中養成行動美感。

因為我是大長輩，所以孩子跟我一起生活就延用我們家的生活習慣：

吃飯無論餐食簡單或豐富，都要好好布置餐桌。

不挑三揀四，懷著感謝的心享受每一餐。

每餐後要收拾，工作要合理的分工以達成更好的合作。一天最重要的晚餐過後要大清潔廚房、檢查垃圾桶、泡洗抹布。

睡覺醒來要鋪床。

鋪床，對孩子們來說，似乎是一件既有趣又困難的事。尤其是第二次來到高雄小住校的孩子們，對鋪我那張床就更有不同的見解了。有的躍躍欲試，爭著幫忙；有的敬而遠之，唯恐自己不能做好。

所有帶過孩子的人都知道，童言童語中的「要」與「不要」，並不代表真正的「喜歡」或「不喜歡」。孩子是有判斷力的，只是他們的判斷力受制於有限的經驗，所以往往心直口快地說出對一件事情的評價或選擇；他們也會根據行為被懲罰或獎勵的經驗來決定類似事件下一次的選擇。

我很喜歡揣摩孩子的言外之意，因為，我最常在問話中看到他們會以一種暫時最有利的狀況來回答。好比，如果我問誰記得哪一首詩或哪一段曾教過的知識，一定會有很多孩子急急地先說：「好像不記得了！」而後才在鼓勵下慢慢地想。

不記得、不會、不想是孩子們的心理「安全地帶」，大概是因為日常要應付的考試太多，所以對「被問」與「受試」就有一種害怕，先退到後方，心裡輕鬆一些。

而這些年，我想最多的，也就是怎麼幫助他們對陌生的技巧抱持樂趣，對挑戰常懷興致。我認為，一個人在被問道：「你記得……」事的自然反應，應該是：「我想想看……」有時答案可以手到擒來，有時適當的回應需要在腦中翻箱倒篋才能找出。無論如何，這是學習過程中應有的盡力而為，也是快樂的人常有的回應習慣，事無大小，但我不想放過孩子們躲躲閃閃的態度。

跟面對知識的態度一樣，有些小朋友也會躲避自覺能力不如人的生活習作。我不能任憑孩子的「自覺」阻礙任何能力的學成。「生活」中有很多基本能力的認知與培養。有了基本，才能發展出更多令人讚嘆的藝術。孩子們如果「過分自覺」，在很多事上，還未開始，就已停頓，這就太可惜了！

我並不是不相信天分，但更相信只要在「正確的指導、足夠的時間、專心的狀態與適當的練習」之下，每一個孩子都可以學會所有事的中等程度，這種程度正是一個現代社會以普及教育想達到的國民素質。

雖然只是鋪床，但鋪床卻也讓孩子跟我興味十足地找到日常的趣味。雖然床單和被單都很舊了，甚至那麻布上鏤鏽的花樣，現在也未必還買得到，但舊物裡存在的是維護生活的新鮮心情。讓資淺的孩子們，看到長輩不喜新厭舊，那物品的舊，可以用來教導愛護生活的心情。

當我自以為很慷慨地說：「誰想睡這張床？讓給你們」時，有些孩子急忙以經驗老到的善意去告訴另一些孩子說：「別去睡那張床，那張床很難鋪。」我在心中忍住笑，鼓勵他們試試看吧，沒有那麼難的。

有些早上，當我看到小朋似乎帶著跟我自己童年相同的幻想，拉起被角，掀起床罩，進前細看，又退後整觀，用全心的美感與趣味懷想、試了又試怎麼把一張床鋪好的時候，我忘神於那如浪翻飛的被單環繞在孩子吱喳的討論中，不禁覺得：

生活是如此的真實，隔代相處是這樣的美好！

從「你洗到哪裡？」到「唧唧復唧唧」

我喜歡淋浴室沒有完全封頂的感覺，
一間間嘩啦啦的水聲聽起來好熱鬧，有一種同住的歡愉和安全。
水聲夾著說話的聲音流竄在隔間與天花板之間，
天冷的季節，隨著熱氣蒸騰而上的水煙會裊裊穿走在孩子們的語聲笑句中。

買下工作室進行初步設計的時候，我盯著現場苦惱了一陣。要心煩的事太多了：房子很舊，要敲打的地方很多，各管路也都要重配，但工班在哪裡？人力怎麼調動？又眼看颱風季隨後就到，排定的工作天數如果因為不得已而拖延，我怎麼跟準備八月要來的第一批孩子們交代？

但在那麼多的煩惱當中，埋首在一張張自己的手繪圖、尺寸圖時，卻總有一兩個快樂的幻想像聖誕樹上的彩色燈泡那樣閃爍而過。我想啊！想極了！我想我可以給孩子一個精神上可愛的地方，而且，那些可愛還演化自我所熟悉的成長。我要改良我住校生活時空間的一些缺點，也要保留那時教育孩子們的樸實作風。

我曾有兩次住校的經驗，一次是十二歲的時候在聖心女中，另一次是在成大的四年。我初進大學在老宿舍過了一年後，就搬進了一九八一年完工的新宿舍：勝利九舍。四十八年前進聖心女中，寢室三人一間房，每一樓一種顏色。當時每個年級有三班。早上起來，床都得鋪得整整齊齊、漂漂亮亮的，很合乎我的喜好。

小學在家那幾年，我們一直住的是日式的房子，晚上要鋪床鋪被，早上所有的寢具要收進一個紙門的雙層櫃，只有爸媽睡的房間是一張西式的大床。我很喜歡鋪床，所以自己玩辦家家酒的時候，常常把一張四腳的琴椅翻成ㄇ字型，靠牆當成床頭，再把好幾條被子鋪成一張看起來鬆軟舒適的床，然後在心裡幻想自己是一個經營「旅館」的人。怎麼讓客人吃得好、睡得好，想像力帶著我無限地飛馳，沒有同伴也很好玩。

去了聖心女中，每天更要鋪床，怎麼拉才漂亮，怎麼塞才沒有皺摺，所有的研究都能引發我的興趣，家家酒竟然變成了生活的一部分。但聖心宿舍的盥洗空間在我房間反方向的盡頭，晚上，上洗手間對我來說是一件很恐怖的事，這在我設計的小住校裡，一定要改善！我不能讓孩子心上有任何害怕的感覺，為此，我得配合某些管道的走法才能規劃出一間開放的大盥洗室。

我又想起，三十九年前，成大勝利九舍一房四人同住，以當年的生活來看，房間的大小其實是夠舒服的，也很符合學生的精神品質。大家住在一起就該注意自己的生活常規，不影響他人。這是住校生活的好處，可以得到下一輪進入社會工作前與人配合的實際訓練，但是，大宿舍的缺點還是衛浴的規劃，有人洗澡不小心，水就噴濺或淹過門檻，流淌一地，所以地板經常是濕的，不

夠清潔。為了改善那種從視覺激發出的維護心，我在衛浴的公共梳理區貼了長條的仿木地磚，在轉角牆上掛起大鏡子。鏡子會映入遠處窗外的鳳凰樹，如果孩子細心，他們時時刻刻可以看到鏡中花木扶疏的綠意與愛河波光粼粼的景致。

但無論是在聖心或在成大，我喜歡淋浴室沒有完全封頂的感覺，一間間嘩啦啦的水聲聽起來好熱鬧，有一種同住的歡愉和安全。每天，潔白乾淨的大浴巾和踏出淋浴室時腳踩上兩層軟綿綿的踏墊的感覺，是我以前住校不可能有的。這種進步，不是奢侈，也不是過去不懂生活的落後。除了物質的供應比過去進步之外，孩子們和我肯為此付出維護的勞力，才是最重要的一個條件。

晨起運動或黃昏打球之後，回家當然要沖涼更衣。當二樓的五間淋浴室同時啟用時，室內一片熱鬧。水聲夾著說話的聲音流竄在隔間與天花板之間，天冷的季節，隨著熱氣蒸騰而上的水煙會裊裊穿走在孩子們的語聲笑句中。我挽著洗衣籃，帶幾個等著下一輪用淋浴室的孩子在疊衣，或教他們熨燙的技巧，有時會聽到幾句讓人忍俊不禁的對話。

有一次一個聲音傳起，說：「你不要洗太快喔！要等我喔！」隔室已變成好朋友的孩子出聲問道：「那你洗到哪裡了？」也許他在想，這要怎麼個「等」法？是要放慢自己的速度，還是緊追著好朋友的進度。

想必「洗倒哪裡？」這聽似簡單的問題也並不好答，某種含蓄的難言使這個問題在嘩嘩的水聲中自然地消音了。

晚餐時，我把聽到的對話跟他們說了，取笑他們：「誰會問人家：『你洗到哪裡？』這麼奇怪的問題？」整桌孩子都笑了起來，桌上傍著花的燭光也彷佛聽懂了，乘著孩子的笑聲，顫顫地輕擺著燭心。

隔一日的黃昏，又到忙碌過完一天的衛生清理時間。斜陽倒影依舊、綠樹微風依然，但嘩嘩水聲中的語音卻變了。很大很大的一個改變，我拾級上樓往洗衣間去的廊道上，聽到的是：

唧唧復唧唧，木蘭當戶織，

……

一人兩句，在煙霧輕飄中，古詩正接力呢！

你們配得更深的期待

我知道一個人如果能很自然地被引導到：
講究自己工作的周到與技術，這再進的一小步，是最實用可觀的。
當一個孩子在前進時，他們當然配得上下一個更深的期待。

我喜歡讀原始社會或古今先代教育下一代的書籍與資料，因為那些故事對我來說很真實，是我可以透過用功而了解的世界。

當然是年齡的關係，我對已經存在的經驗與確然傳承的事物都有一種安全感。在那些紀錄中，我們可以清楚地批判教養的對錯，反省並思考前進的方向。

也許，正因為我如此的老派，所以才會對從事生活基礎教育有一股澆滅不熄的熱情。我每一想到今天社會中多數孩子所受的教育都等同於過去中西社會兩、三千年前貴族才能擁有的機會，除了讚嘆時代的改變之外，也覺知自己透過努力必然有可盡力之處。

就說「生活自理」這個詞吧！它幾乎是這十幾年來我在教學與寫作中最努力的主題。這四個字，雖然自古就是人類對下一代教育的起步計畫，但這二、三十年來出生、長大的孩子，卻因為社會某些條件的發展與生活習慣的改變，衰退了真正生活自理的能力。教育的分科與教導工作的過度分工，使孩子們會做某些事（比如燒幾道菜、做點心、手作……）卻未必能踏踏實實，體貼周全地照管好自己的一份生活，更別說分擔家庭的辛苦了。

談到「自古以來」，或說人人都是「今之貴族」，那就該從古籍中記載歷朝王室及早施教的實作說起。在周朝，照顧天子或諸侯王的太子，必須是「士」，他們在日常生活或舉行禮儀時，都要特別重視自己的行為與穿戴。文

字中，人們用身體的紅來代稱小兒，說他們是「赤子」。成人除了要保護一片真純的「赤子之心」，還要顧慮到孩子是以所見的世界做為學習依據，所以，成人要固教以行。

再好的教育經驗也不能以「希望」直接轉化在下一代身上，只有在實踐中，經驗才能延續它的生命。在我日復一日、年復一年帶孩子的某些時候，有時難免會遇到孩子們不親切的回應，不適當的互動，那時，我就會想起幾千年前有人們對幼兒身心發展的認識。

自有詳盡的文字記載起，孩子年三歲時囟門閉合，能把話說得很清楚，於是大人們對孩子教育的過程也做了考慮周到、循序漸進的安排。除了教他們如何學會吃飯、如何上廁所、如何認識環境，了解語詞，更要正確地教會他們與人應對的方式。而這些教導，並不是現代孩子以為自己抄寫過《三字經》就已經懂得的生活道理。

有一天，我在給孩子雜誌的專欄中跟小朋友們說了有關「體貼」的事，我告訴他們，體貼不是一種心情，是行動，一個體貼的人，需要具備三種能力：

1 要夠敏感、有觀察力。

2 要有完成工作的好能力。

3 要有持續做到的毅力。

通常在回顧跟孩子們相處的時日之後，我會做出更深入的檢討，告訴他們，哪些觀念要再調整，哪些雖小但很有用的細節要精進。我知道一個人如果能很自然地被引導到：講究自己工作的周到與技術，這再進的一小步，是最實用可觀的。

上完一階段的課，教導就結束了嗎？還是成長的希望可以持續不斷？當一個孩子在前進時，他們當然配得上下一個更深的期待。

孩子需要的浪漫

日夜相處的日子中，當小朋友為Eric跟我設置了兩人餐桌時，
我終於知道，對這麼小的孩子來說：
浪漫就是他們在為我們擺設的一張餐桌時，期待看到的彼此關懷；
期待的，也許就是他們可以懷著信心達到的成年或更遠的老年。

如果跟大家提一下現在孩子「早熟」的問題，內容很快地就會被窄化到「性早熟」，再從「性早熟」引出各種恐慌與實例，隨後，話題大概會轉向憂慮日常飲食的來源，環境荷爾蒙、過重、紙片、有機等等名詞，使本來已經夠憂慮的人心更惶惶不安。

我先從「性早熟」談談自己帶孩子的一個切身小故事。這麼可愛的經驗假如不是因為陪伴孩子，我是不會理解現代父母過得有多緊張。我自己當父母

時，並沒有感受到如此大的威脅。所以，除了感謝之外，看著現在的小小孩，總也想如何更盡力。

那是一個以「煎鮭魚」為午餐主食的一堂課。一如往常，孩子們讀完上午該學習的知識與文字之後，我開始解說午餐製作的工序與工法。依照菜單，他們布置完餐桌，自己完成的午餐大盤上會有青菜、白飯和一塊皮煎得香酥的鮭魚排。雖然只是二、三年級的孩子，但因為認真工作，上盤的食物也做得很精美。

無論在台北或高雄的工作室，我們帶孩子吃飯就像在自己的家那樣，總要等到所有的人到齊才一起吃。用餐間，在開心的談話與輕輕的杯盤聲中，我聽到一個小女孩說：「我不能吃魚皮！」我喜歡聽孩子說話，一字一句用心地聽，不想遺漏他們的言外之意或弦外之音。這句話聽在我耳中，有些不解，於是我問：

「是不能吃嗎？還是不喜歡吃？」

她很可愛，認真地回答我說：

「是喜歡，但是不能吃。」

這麼肯定又這麼讓我疑惑的答案，當然掀起了我這個年長照顧者的好奇心，於是我又追問：

「為什麼喜歡吃卻不吃呢？」照顧孩子多年，看過喜歡而貪多的孩子，想吃卻過敏不能吃的孩子，似乎從來沒見過很喜歡，也不過敏，卻如此自制的孩子。

雖然小卻是一個很聰明的孩子，那挑起的眉宇之間一片清朗，毫不含糊地告訴我說：「我不能吃，吃這個 nei nei 會變大。」

我聽了，在訝異中忍笑，在忍笑中又慶幸自己沒有剛好在聽她說話的時候吃下任何一口食物，否則如果不禮貌地噴出，將怎麼對孩子交代？

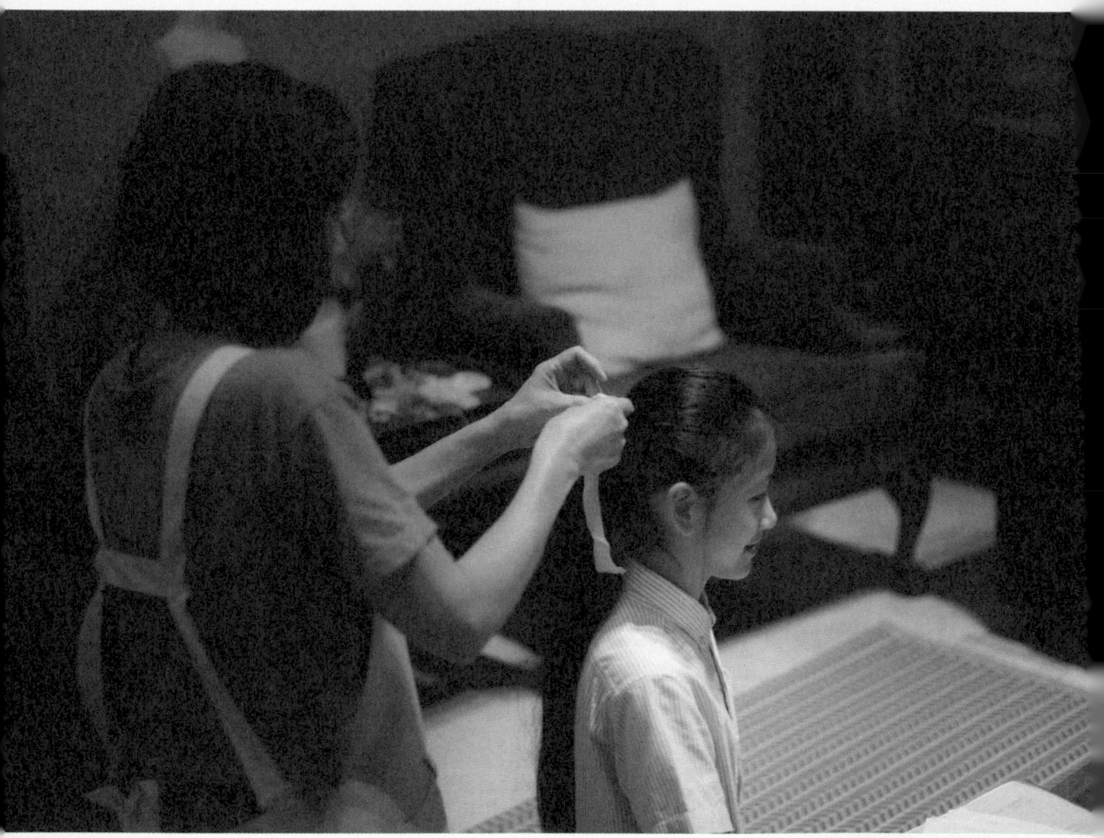

我在腦中用了自己智力與知識的極限，以幾秒消化這個答案之後，一片誠心地說：

「那你的魚皮給 Bubu 老師好了，Bubu 老師很需要！」

當然，大家知道我可以用自己乏善可陳的身材幽魚皮焦慮一默，但有多少人可以理解，我對家長從食物引發生理「性早熟」的憂慮，有了一層更深的了解與同情。家長好辛苦，如果大家各本良心，就不要再以任何環境的威脅加重於天下父母心的憂慮。

正因為我自知能力有限，所以我所要談的，並不是生理的「性早熟」，而是我對一個孩子身處在今天社會不得不「早熟」，但仍然可能很「真純」的所見。

如果以我對孩子們的了解，我會說：「沒有錯！這一代的孩子相對來說是『情感早熟』而不是『性早熟』。」性是一種魅力，但是性的魅力在這個時代卻因為視覺的呈現而削減了人們對這種魅力的想像和正常的發展。試問哪一個時代會像現今，無論電影、電視、卡通、網路，無孔不入地宣布一種生理的需要，而不培養他們情感的美感？

可憐年輕的父母們，不得不接受環境侵害的理論，接受網路告訴他們可以增加費用，如何加碼、加鎖地防火築牆，但孩子心中那一點點、一點點滋長開的自然愛苗，誰來關心？又如何照顧？

性有魅力，然而愛的教育必然先前於性的教育。性的教育可以用科學的，以心理學的，公開於課堂教授孩子所有該懂的事，但沒有人知道，怎麼去教會一個孩子深深切切地理解愛的多方與多義。

回頭看自己過完的五十九年，有時我只是很自然地在孩子身上看到問題，我也很輕易地看出他們的需要。有時，當他們出乎我預料，有一些特別的表現時，我還看到自己曾經在他們那個年齡也已經呈現的「早熟」。

你不能不說，那是一種「性的早熟」，但跟大家所說的「性早熟」卻很不一樣。我會說：那是一種孩子已經體會的，已經需要的浪漫。假設這種浪漫沒有被合理的培養，那就只能早發地允許他們以生理的形式來表達，而不能蘊含出深厚的情感。

浪漫到底是什麼？孩子需要的浪漫到底又是什麼？我心中有沒有確切的答案。

但回想好多個跟孩子在一起的時光，他們是那麼地希望看到 Eric 跟我坐下來一起吃飯，甚至用「你和你的 Prince」來指稱我們這對如他們爺爺奶奶的長輩。在他們跳舞時，孩子更是無由地期待我們結伴起舞；就算我們再笨手笨腳，他們也會露出很特別的笑容。那一幕一刻，在不同孩子身上出現時，我本以為只是無端的巧合。

然而，愛的需要不是巧合，孩子對自己所解知的愛，用的是一種自己都不自知的曲筆。就在日夜相處的日子中，當小朋友幾次為 Eric 跟我設置了一個兩人餐桌時，我終於知道，對這麼小的孩子來說：浪漫就是他們在為我們擺設的一張餐桌時，期待看到的彼此關懷；期待的，也許就是他們可以懷著信心達到的成年或更遠的老年。

我們也是這樣長大的

成長中的孩子們多麼需要教導與關懷。
當她們提出疑惑或發表自己對生理期的「淺顯」意見時，
我也真像一個奶奶或外婆那樣，
想要從問答中引發她們更自覺的、更細緻的自我照顧。

年近六十歲的我，雖然照顧過兩個女兒的成長期，卻幾乎想不起當時是怎麼告訴她們關於生理期的問題。幾十年過去了，恰巧因為有孩子在生理期時上課，所以我再度回到這個問題的照顧中。為此，才又一次地感覺到，成長中的孩子們多麼需要教導與關懷。

現在，學校的生理衛生教育做得比過去好很多，這也是我在跟孩子談生理期的問題時，可以自在的感覺。但有些細微的想法，孩子因為不再有全環境的照養，相對來說，反是另一種困難。

比如說，在生理期時，我希望孩子不要穿太短的褲子。睡覺時一定要穿長褲。孩子們也不是因為叛逆而不願意，只是覺得「沒有關係」。

孩子的「沒有關係」跟大人的「有關係」經常會終結在怒氣之中，那怒氣的結語往往就是：「你不聽，算了！我以後不管你了！」我相信自己在養育兩個女兒的成長中，也一定有很多問題是因為如此急切而沒能做得更好，但因為年齡大了，當我再聽這些孩子們口出「沒有關係」時，我一心想的是該怎麼讓他們了解「確實會有關係」而相關的結果又到底是什麼？

即使在很多年之後，我相信腦中還能一直保留住那天五個小女孩環著我討論這個問題的可愛氛圍。當她們提出疑惑或發表自己對生理期的「淺顯」意見時，我也真像一個奶奶或外婆那樣，想要從問答中引發她們更自覺的、更細緻的自我照顧。

穿太短的褲子可能因此造成尷尬之外，我又告訴她們說，每個月這段時間的保暖很重要，所以才希望她們睡覺的時候要穿長褲。經過一層層的說明之後，某個程度應該也打動了孩子的心，雖然她沒有立刻去換，但可喜的是，隔天之後，我看到七分褲取代了超短褲。

除了保暖，為了睡覺時可能的滲漏，我也準備了護理墊要讓她鋪在床上。起先，孩子是抗拒的，只客氣地跟我說：「不用！不用！」我想這對她來說，等於是向所有的同學宣告自己正逢生理期，當然是不好意思的。於是我得加倍心力才能說服她這件事的必要。

孩子當下還不了解我跟她一樣地想避免不必要的尷尬。於是分析事理與可能，告訴她說：萬一醒來有其他同學比她先發現床單髒了，可能因一時慌張而大驚小怪。而且，以環保的觀念來想，如果有一層防範就可以避免不必要的清洗。這時，有個小朋友很可愛，雖然她自己的生理期還沒來，但是很健康、很穩重地幫著我說服那個小女孩說：「那沒有什麼的，我們老師上個星期才教過我們班上的女生。她也跟我們說，要怎麼注意這些事。」話一說開，每個孩子就開始很開放心胸，誠懇地提出自己的意見。在那些想法當中，我聽到了她們關懷自己，關心環境考慮的萌芽。

隔一天，在我一個個教孩子們如何手洗自己的內衣褲時，發現生理期的這個孩子衣物處理得不夠清潔。我告訴她，沾染的地方要泡過，再局部除汙，為怕她害羞，我說完就離開洗衣間，讓她自己處理。

孩子很懂事，不知什麼時候，去了洗衣間把衣服洗了，也隱密地晾在低低的架子上。等我再看到時，才發現汙漬清理得還不夠徹底。

我掛在心上，又想辦法找到一個比較適當的時間，帶她到洗衣間，告訴她這樣的處理還不夠。教她在一個小盆中打上水，加一點漂白劑，要她泡上一晚後再洗。因為洗衣間還有其他同學要進出，所以，只有我們倆知道盆子放在哪

個大家都看不到的角落。

隔一日早上，孩子跟我又到洗衣間，我看著她拿出盆子，輕輕地搓揉已然如新的幾件衣物，我問她：「這比昨天好多了吧！」她仔細地在水中清洗著衣物，突然很有感觸地說：

「好乾淨！我現在才知道，我以前的襪子都好髒。」

我問：「為什麼？」

她回說：

「因為老師要我們在拖過教室地板之後，就不能穿鞋子進教室了，但其實地板是不夠乾淨的。」

我們就在各做各的清潔工作中繞著更有效、更有品質的生活話題轉。我覺得她很自在，而我也放下心中一份教導的責任。就在工事結束，水槽清過，小盆斜放著滴水準備要去做下一個工作時，孩子突然慎重地開口對我說：

「謝謝 Bubu 老師教我，對不起！給老師添了很多麻煩！」

她的表情那樣的自然，話說得那麼由衷，使我喉頭突起一陣熱，那熱襲上眼臉，使我一時語塞，不知道該怎麼回應眼前一個才初長大的小女孩如此真誠又深刻地道謝。我並非沒見過非常有禮貌的孩子，但我確實沒有在這樣情況下，遇到一個孩子自己發出道謝。

我試著在最短的時間中整頓自己的心意與表情，不希望心中的激動讓孩子感到尷尬。我於是試著以最穩定的聲音，說出自己的感觸，說得是最平凡的話：

「不要這樣想，一點都不麻煩。我們也是這樣長大的。」我停了一停，又補了一句：「跟你一樣，我們也是需要長輩很多的教導。」

六十加六

「老」了的我們，會繼續修養自己，保持努力；
不再那麼「小」的孩子們，
不斷體會自己有分擔生活的能力，身心都健康地成長。
在小小的工作室裡，六十與六，心意一致地望向未來！
謝謝你們讓我們不必當討好下一代的長輩。

二〇二〇年端午連假過後，Eric 正滿六十歲。就在他起步要開始人生第六十一年的時候，來到我們身邊的孩子也正從小學畢業，預備另一個學程的始業。大地有情，二樓孩子們寢室的落地窗前、愛河河畔翠綠的鳳凰樹，開了一大串黃橘偏紅豪華非常的花穗，近在咫尺，熱情祝福。

畢業班小住校的這些孩子們，在兩年前的暑假曾有八個星期，每個星期五天，每天十個鐘頭與我相處，幫助我度過那段父親病後心中惶然的時期。

之後，每個月一或兩次，他們還來台北的工作室跟我進行不同的生活與文字學習。孩子們愈來愈乖，心情上也愈來愈懂事，所以我們可以工作的範圍也就愈來愈廣。我暗自的喜悅與心中日漸高升的期望，無人能告。

日近這次畢業小住校時，我心裡少了一些擔憂，多了很多興奮。無論是減免的掛慮，或合理貪心地相信這些孩子一定能比其他梯次增加更多學習內容，我知道自己的信心來自於這兩年來的努力。孩子跟我攜手打下了一些做事習慣的基礎。我們至少有了一些人與人共事的默契：

做事要全心投入，遇到問題要思考。

要以行動維護生活環境的美。

相處要和諧，要講究自己的用語，不受社會流行粗言糙語的影響。

生活要平衡，每天要有靜下來吸收知識的時間，要完成所有生活的勞務。

我完全可以感覺到每一天孩子們的興奮。不過度的興奮是好的，這使得他們看起來很有精神；我同時也看到孩子們在和樂有趣的相處中，沒有失去應有的責任感。

雖然只住四個晚上，但我不要孩子因此忽略生活要有品質，天天都得踏實做到的生活自理。他們每天晨起，收整床鋪時，除了摺被之外，要拆枕頭套、床單、保潔墊，一一歸位或放入洗衣籃，輪值照顧洗手間的幾個孩子，會戴起拋棄型手套去刷馬桶、倒垃圾、再用濕紙巾清潔整座馬桶；另一些孩子會拿著淋浴室的地墊、踏腳巾、大浴巾、擦頭巾到頂樓去曝晒，接受陽光的惠賜，進行最自然的消毒。

生活除了睡之外，就得吃喝。每一餐，排定兩位負責做菜的主廚。他們可以指派其他同學幫忙，但我不再手把手地示範或教導，因為，這次他們得讓我檢視一下這段時間以來的家事學習成績。我也不再插手協助餐後收拾整理的工作，只是「很挑剔」地在事後指出：

抹布是不是應該摺得更美一點？

爐台為什麼沒有擦亮？

剩的食物這樣處理是夠好的嗎？

每一個工作問題，都是自省的機會，卻不是每一個孩子都能接受的教導方式。我很安慰地說：眼前這八個孩子，個個做得到，而且是心平氣和地做到了。

五天四夜，孩子跟我們一起生活的日夜裡，就像所有家庭中的常態，沒有少受責備的，不過，他們跟其他孩子不一樣的經驗，是有機會分辨成語中「求全責備」的「全」。「全」並不是絕對理想化，完美的意思，「全」是該有的完整，是習慣把事情一次做好的心態。他們一向覺得責是「挨罵」，現在知道了，「責」是自己生活中應有的負重，絕不是單指「苛責」。

踏實過了幾天，孩子們知道「人無水火不能生活」，日常這麼多必須完成

的事，如果做不好，只有兩個方式可以解決：

一是不斷降低生活品質。（提高花費跟降低品質是完全一樣，但不同條件下的選擇。）

二是父母長輩在後面跟著收拾，以改善他們不想面對的生活水準。（付錢請幫傭收拾是一種更可悲的無奈。）

二十八日，家長來接孩子們回家的這一天，我們開了一個小小的慶祝餐會。蛋糕上插的是66，而不是60，為的就是生日與始業的雙重深意。正因為孩子們的成長，Eric和我才覺得逐漸資深與年老一直有新的意義，我們也從孩子們的日常能力與表現中感受到心中理想的世代接力。愛與敬是以傳承和體貼無誤地轉換著能量，充實彼此的內心。

我常在心裡謝謝自己家中的兩個女兒，因為，人的愛雖然可能無量，但時間總是有限的。當我們總是忘我地去照顧其他孩子的時候，一定少了關懷她們的時間與心力；但女兒們不只了解，也總是關心鼓勵。我相信她們之所以能了解這一切，也是從孩子跟我們的相處之中，重溫了自己成長時，我們對她們的愛與教導，那是一種他們的父母需要的付出，一種在身為長輩時給得起的社會關懷，體會得到的廣義之愛。

二十八日的餐會是五點開始。從早上起床後，孩子們就穿著制服工作。中午，由一位小朋友負責做Pizza給大家吃，簡單吃過午餐，孩子們繼續工作。等一切準備就緒，他們便上樓換上衣服迎接父母，開始餐會。七點，孩子們再度上樓去換穿制服，然後把一樓使用過的餐具都洗好歸位，場地清理得乾乾淨淨才趕著搭高鐵回家。

從那一晚開始，「老」了的我們，會繼續修養自己，保持努力；不再那麼「小」的孩子們，不斷體會自己有分擔生活的能力，身心都健康地成長。

在小小的工作室裡，六十與六，心意一致地望向未來！

超越我自己的家庭經驗之外的是，我最謝謝這些孩子們的家長，因為，正如我在 Eric 切蛋糕前所說的肺腑之言：

謝謝你們讓我們不必當討好下一代的長輩。

想家的心情

在隔代之後，雖然我總是心念著要把環境和照顧都以家為榜樣，
卻一點都不想要孩子忘了自己生活中那個更真實、有父母在的家。
在兩處或兩代之間，孩子的心中沒有比較，
只對愛有同等的信任，對被管教有一樣的虛心。

雖然不只一次孩子們來到我身邊再回家時，父母特地寫了信告訴我，或他們自己在無意中表達了對這樣日夜相處的喜歡，但在感動小朋友一片真純的心情之外，我總是無法感到全然的喜悅，我怕他們不夠喜歡自己的家。也許這就是我在心情上像一個「貨真價實」祖輩的原因，也是一個我自認為能夠當老師的資格。我但願一個給予生命的父母、給予照顧的家庭，是孩子心目中最重要的地方，我的工作是使孩子受家庭安定、安全的吸引，然後把能力轉化為對自

己家的貢獻。

我從小就很愛家，我視「家」為心中最重要的地方，但現實的「我家」卻並非自己理想的樣貌，因為父母總是太忙，為了求學，手足又聚少離多。我們的家，是一個即使像我這麼乖的孩子，在理解之下也很難不感到有些寂寞的地方。所幸，我有觀察力，所以我能感謝並珍愛自己的家，在結婚前，總是一次次地返家，未曾受過其他更自由、更歡樂新鮮的生活所吸引。

雖然，我也不只一次想過大學那些寒暑假，如果自己不曾因為家的吸引力，或早熟的自覺到家庭情感與家事責任，果真留在外城學習或打工，不同的經驗對我的成長會有很大的幫助嗎？在親情上，我又會有多少的損失？

有一次，我跟母親談起她小學、初中的一位好友，那位阿姨待人熱情誠懇，認識的人沒有不誇讚她的持家有道。母親小六時，戰事正緊，「疏開」是這一個時代的語詞，指的是為避免空襲、火災等損害，都市居民疏散到郊區鄉村去。我的外公因為有一處別墅，所以這位阿姨和她的家人也曾疏開到外公家。過幾日，大人們要回高雄了，想把孩子留在深水，但這位阿姨不肯，無論大人們怎麼說就是說不動她。母親說，當時外公對這個小女孩很不以為然，認為這樣的孩子日後一定很難管教。我聽了故事之後，跟外公當年的看法卻很不一樣。在戰事中分離，對孩子來說太可怕了，雖然待在比較安全的地方是她父母的希望，但對這個小女孩來說，無論安危都要和家人在一起，才是她心中真正的安全。而安全感，就是家提供給心靈最重要的倚靠。

正因為家與人的關係如此特別，所以，在隔代之後，雖然我總是心念著要把環境和照顧都以家為榜樣，但絕不希望孩子忘了自己生活中那個更真實、有父母在的家。

有一梯次，孩子們正要準備回家，我給父母留了訊息，一位媽媽立刻回說：

收到，謝謝老師！孩子們應該都樂不思蜀，不想回家了。

我看了覺得可愛，立刻回道：

一定要讓他們想家，要不然就像劉禪一樣的「昏」了！

也許，有人會覺得我這樣的想法非常不解風情，但我相信自己主張父母親是最重要的觀念，對孩子來說是最好的。世世代代都有自己當盡的責任，因為經驗給予我們不同成熟度的愛。如果能選擇，在這種年齡與處境上，我只願意工作室這樣的一處地方，對孩子來說，是一個爺爺奶奶家或外公外婆家。我願意他們來的時候，我能慈愛，也能教導；我更願意他們離開的時候，更有責任感，也很開心地要重回父母的懷抱。在兩處或兩代之間，孩子的心中沒有比較，只對愛有同等的信任，對被管教有一樣的虛心。

二〇二〇年的六月，一個小女孩在回家後，給了我一封信，讀著她所說的「想家的心情」我很感動。又一次覺得，以自己的年老之姿、誠懇之心去愛新生的一代並不困難。她那一聲「老師」之後，我的外婆心、我的連家意，孩子終究是懂得的。希望每一個離去的孩子，回到家，當個愈來愈好的孩子，使父母寬心，使我們因此而感到更溫暖。

親愛的老師：

這五天四夜的課程，就像是一個學期的縮小版，從開始前的期待，到結束的不捨，從和同學相處的膽怯，到能和同學分工合作、同心合力地完成各式各樣的工作，那一天餐會過後，我終於有「畢業」的感覺。

回到家中，突然有了「想家」的心情，想念在高雄的同學，想念能日夜學習的生活，想念老師種種教導和叮嚀，我會將這一段回憶放在心中，將這五天四夜的生活，複製在未來的國中生涯，用同樣的態度、同樣的心情去看待每一天。

謝謝您！老師。

庭安敬上

愛不分世代

開場白

紀念二〇二〇年母親節

二〇二〇年，我過了一個非常樸素但非常愉快的母親節，那是一個在腦中想要牢牢記住的五月星期日。雖然這一天，桌上沒有康乃馨，我也沒為九十一歲的媽媽買蛋糕，或安排任何休閒活動慰勞自己已經當了三十四年的母親。但比蛋糕、餐聚更愉快的是，我知道在我緊鄰的母親很好，在遠處的兩個女兒也都認真生活與努力工作，感謝這一切平安的我，帶著一群年輕的媽媽們一起讀書、下廚，留下一個豐實快樂的五月記憶。

我常常很感動，也感謝在生活育子兩忙下的媽媽班學生，她們願意全然信任我的安排，在自己難得一天的休假日接受如此密集的學習內容。她們跟我不只成為知識上的友伴，更允許我成為孩子共同的教育者；我們分享對成長的希望，朝著必須努力，也可以更努力的道路走去。

透過生活的相處，我感受到這些媽媽們一堂課比一堂課更體貼。她們總把用過的器具、場地，收拾得很乾淨。在「媽媽小住校」的兩天兩夜裡，媽媽們就像我自己的孩子一樣，爭著處理每一件勞務，我知道她們想盡辦法要減少我課後的負擔，用行動表達自己最親切的尊重。

雖然，我未曾為此開口對這些媽媽學生們表達過內心深處的謝意，但每一次在那些周到體貼的收整中、在她們疾筆沙沙的認真裡，我都環繞在代代可以美好相處的溫暖與信心當中。

你們是孩子最初的老師

沒有哪個父母是沒有資格教導孩子的，除非父母畫地自限。
撫育後代是愛的天性，教育後代是進步社會累積的文化，
這些經過古文所載的經驗，非為我所留，
是可貴的教養遺產，也是不該錯過的教導。

任何一位好的老師都希望給孩子們兩樣東西：幫助他們看到希望，建立他們的信心。

我不斷面告有緣見面的媽媽們，或以文章書本鼓勵讀者：你們是孩子的第一位老師。這不只是因為我的第一本書就叫《媽媽是最初的老師》，更因為我相信家庭教育所能達到的成果最不平凡。這個成果與一個母親的學歷無關，卻與一個母親的上進心緊緊相連。所以，這些年裡，我總是鼓勵年輕媽媽們多讀

書，而我所謂的讀書，並不是指「哪一本」重要的書，而是指：增長自己見識的閱讀對教養孩子能產生的美好影響。

沒有哪個父母是沒有資格教導孩子的，除非父母畫地自限。

關於讀書的好處，許多書、很多人都說了比我自己感觸更深的話，所以我不必對此多言。我只提一下自己在高中時有個暑假，老師指定的讀物幫助我所啟開的讀書觀念。

四十幾年前，國高中生的功課都不花俏，但相對今天來說，說不定卻更踏實。那年暑假，老師指定我們要「盡力」讀完一本名為《一生的讀書計畫》的書。此後的四十幾年，我之所以又讀了很多書，跟這本書的導讀有很大的關係。記得我與好同學通信說，已各自看完這本暑假指定的書，我們共同的願望，是在台北相聚時，要去找阿道斯·赫胥黎的《美麗新世界》，我們因為基礎還不夠，在知識面上似懂非懂地讀完這樣一本淺介西歐經典的導讀書之後，

已在精神上加入了這個唯有自己能完成的計畫，接受了作者提出讓精神不致破產的幫助。

當我在幾年前思及要在自己開設的媽媽課中，再添比例更重要的文字內容時，我之所以選擇中文的古文，與我想起這本書「譯者的話」是有很大的關係：

「知識爆發」是我們社會目前（一九七四）流行的一個語詞。誠然，以世界的觀點而論，知識的確已到了「爆發」的程度。但是，若以我們社會的現況而言，我們離知識爆發似乎還有一大段距離。在社會尚未臻及知識爆發的發展，而侈言知識爆發，對我們似乎容易造成不良的影響。為了應付知識爆發的局面，在心理緊張的狀況下，我們容易陷入追求時髦知識，揚棄古典著作的境域，而造成輕浮的讀書風氣；只追求浮面的知識，不願進一步深入知識的根源。

雖然我的工作與研讀中文典籍無關，但幾十年中，我從未在時間有限中錯失任何一點閱讀與思考的享受。這段文字的確加深了我決定以古文為內容的教學。自美地說：在一個以烹飪為實作的課堂上學古文，帶點意想不到的時髦感；然而，我覺得最時髦的，是媽媽們臉上的精神，那從心靈所得的滋養，使她們容光煥發的一刻，相信是天下最好的醫美都給不起的改變。有那麼多的時候，我真願她們能從我所站的角度，客觀地看到自己的美麗。

以下幾篇選文，是我曾帶過媽媽班學生們閱讀古文的一部分。當中有雖古宜今，心情可愛的父母心，文中所載也都可以轉化為最生活化的教育情。我們在課堂上全都非常深刻地進行過探討。

雖然當我提出這些文章時，媽媽班的學生們曾一時訝異於選文的古老，然而讀著讀著，我確定她們都喜歡了；不只喜歡，並且從中看到千百年來教育的不易之道，心中反而有了一種清楚與安定。

身為資深母親、合格祖輩的我，心中總是很樂意在背後支持媽媽們成為孩子最初的老師。我期待著他們跟孩子除了生活之外，在日進的知識中還共有一片天地，於是設立了媽媽一日學校和媽媽小住校。

我很榮幸年復一年能跟一群腳踏實地的母親們一起用功，因此希望這本書的讀者也不要錯過這些好處。

撫育後代是愛的天性，教育後代是進步社會累積的文化，這些經過古文所載的經驗，非為我所留，是可貴的教養遺產，也是不該錯過的教導。

父母是每一個孩子的伯樂

父母如果有心要成為孩子的伯樂，對自己的用心必不可少，
在培養孩子當中，不能停止充實自己。
充實自己才能盡心盡力去做伯樂所做的三件事：
好好的養，合理的教，用心了解。

在我所教過的學生當中，孩子們比他們的媽媽更早學了唐朝文學家韓愈所寫的「千里馬」，我在媽媽班笑說：以教養實用的角度說來，父母讀懂這篇文章實在是比孩子會背本文更有意義。

自先秦傳下的篇籍，又經唐朝文學家韓愈所寫〈馬說〉的影響，現今，「千里馬」與「伯樂」已經成為我們口中「人才」與「啟能者」之間最貼切的知遇之比了。

我跟多數六、七十歲的人一樣，是因為學校的教材而會背韓愈四篇〈雜說〉之一的〈馬說〉。當年朗朗上口時只覺得真有道理，一番感觸當中未曾想過，這是一篇多麼好的「客觀教養論」。因為在背熟的那個年紀，既還未成為母親，教我讀書的老師也沒提起過其中的道理正足以用來說明「父母是每一個孩子的伯樂」。

「知遇」雖然只有兩個字，但必須包含三種條件：

相遇的機會，質材的本存，與識別的智慧。

父母和孩子在「遇」的關係上分為親生或領養。但無論什麼情況的遇，培養孩子成材是所有父母樂做的功課。只是，熱情於做功課的人，就需要精進做功課的能力，才能把識別的智慧透進實際引導，培養出真正的美才。

韓愈在〈馬說〉中說「千里馬常有」，這的確可以安定天下父母心。父母不要只著急於競爭的角度，只花時間探測各種才情的可能，而不定心努力於伯樂的工作。父母應該是不受外界過度的影響，不太早給孩子下定論或測方向的人，因為他們了解，孩子真正的強壯是均衡條件的結果，就像一匹千里馬的基本是全身可見的康壯。

我也帶孩子和媽媽們讀了《齊民要術》中的一小段相馬之道，說馬的外表是這樣：

馬頭為王，欲得方；目為丞相欲得光；脊為將軍，欲得強；腹脇為城郭，欲得張；四下為令，欲得長。

在媽媽班講解〈馬說〉之前，許多孩子已經背熟這篇兩百字不到的古文，

只不過，文中的體會，孩子不可能有父母深，因為孩子現階段只是等待著父母成為伯樂的千里馬，該如何養、策、通，是父母的一番感悟。

世有伯樂，然後有千里馬。千里馬常有，而伯樂不常有。故雖有名馬，祇辱於奴隸人之手，駢死於槽櫪之間，不以千里稱也。

馬之千里者，一食或盡粟一石。食馬者不知其能千里而食也。是馬也，雖有千里之能，食不飽，力不足，才美不外見，且欲與常馬等不可得，安求其能千里也？

策之不以其道，食之不能盡其材，鳴之而不能通其意，執策而臨之，曰：「天下無馬！」嗚呼！其真無馬邪？其真不知馬也！

我告訴媽媽們說：「怎麼看，這都是一篇親子教育文。」伯樂之所以能培養出千里馬的原因，不只是他的「眼光」，而是他從經驗中歸納出那一番合理的「作為」。

為了幫助了解，我調整了一下原文，置換過文字，分析一下，完成可以做為方法的結論：

盡材食之

以道策之

通其鳴意

用現代的語言來說就是：

了解體質之後好好照顧養育。

用正確的方法進行指導與督促。

能了解千里馬所有表達的意思。

不管這三句話的「之」和「其」換上馬或孩子，誰能說，教養這樣一條漫長的道路上，所需要的智慧與實務會超過這三項？

先前說了，每個父母都樂意把孩子培養成材，但是要成為伯樂並不容易。太早下定論，太急切的求成果，都不是伯樂會做的事，這便是策之以道。心情穩定是父母之道；比孩子穩定，是父母之道。父母不能是，這一年視他有音樂天分，又一年試試美術天分。孩子在提提弄弄之下，不能持續地發展自己，在忽而受重視，忽而頂著失望的眼光下，連當一個均衡發展的快樂孩子都很難。落入了什麼都不是的駑馬之列，這在今天的教育條件下，絕對是無辜的。

為了幫助父母了解知遇可現的結果，我在講解〈馬說〉之前，先講了伯樂出現的時代跟伯樂的性格，我們研讀了東周秦國的小史。少年孫陽從家鄉小國（郜國）往西，出了潼關到已經因為養馬而富國強兵的秦國去求發展。他看待自己的眼光與他工作的耐力是他之所以可以成為相馬師，並受封為「伯樂侯」的原因。

父母如果有心要成為孩子的伯樂，對自己的用心必不可少，在培養孩子當中，不能停止充實自己。充實自己才能盡心盡力去做伯樂所做的三件事：

好好的養，合理的教，用心了解。

恨鐵不成鋼，天下父母心

自己的成就或許造成孩子的壓力或説辭，
這是李漁與所有父母都不願意聽到或看到孩子的「自阻」。
「莫道班門難弄斧，正是雷門堪擊鼓」，
李漁這位老練的父親道出了
為人父母即使一時灰心但永遠不肯意冷的愛子心切。

生在明朝離亂之後，清朝鼎革之初的李漁，是性格與一生作為都非常複雜的人。他的戲曲創作與戲曲理論對於後世有很大的啟迪，一本生活書《閒情偶寄》更流傳至今。

在李漁大量的創作中，有一首詞是我第一次讀到就覺得很有意思的，但這首收在他的《耐歌詞》中的作品，卻似乎從未曾受到讀者們太多的重視。大家記得詞牌名是〈天仙子〉題目是〈示兒輩〉，似乎就以看待勉勵天下孩子的作品來讀它。而其實，這是一首以第一人稱，範圍鎖定在自己家庭的親子詩，是懊惱孩子不夠堅強，責備之後卻不願灰心放棄的父母心。

這首詞所有的用字都很簡單，也很傳神。罵人罵得苛刻，讀者先是對他選用的比喻感到驚訝，但在驚訝之下，又似乎更能理解這位父親心中有多麼的不甘，不甘之下挽回多少希望。在詞的下半闕，他把親子兩代的成就差與做為父親希望孩子像自己當年那樣，攜帶勇氣、迎向前路的心情說得好清楚。

李漁在寫了這首上闕罵兒，下闕示兒的〈天仙子〉之後，真的暫放一切，認真督導兩個兒子的學習。他描寫那段時日與心情的詞，收在他的《笠翁詩集》中，自我解嘲地說：「未能免俗輟耕鋤，身隱重教子讀書。山水有靈應笑我，老來顏面厚於初。」

或許是因為我初次讀到這首詞之前，對於作者李漁的生平和他的作品都已經有了某種程度的了解，所以，我覺得這首詞所呈現出的心情非常寫實，很適合拿來討論教養問題，所以收在媽媽課上的教材。

帶媽媽們讀這首詞的時候，我先請她們看重每個字，而後才站到父母親的角度上理解作者寫這首詞的心情。

少小行文莫自阻，便是牛羊須學虎。
一同兒女避嬌羞，神氣沮，才情腐，奮到頭來終類鼠。
莫道班門難弄斧，正是雷門堪擊鼓。
小巫欲竊大巫靈，須耐苦，神前舞，人笑人嘲終是譜。

詞的前兩句，開口就說：人不能看輕自己，不立高志，不學其上，斯得下矣。他接著分析自己的幾個孩子有三種問題，因此精神不煥發，當然不可能累積才情學養。

韶光逝，留無計
今日卻分袂
驪歌一曲送別離
相顧卻依依
聚雖好，別雖悲
世事堪玩味
來日後會相予期
去去莫遲疑

對於「避嬌羞」三個字，我跟媽媽們有過很深刻的討論，因為我認為這三個字在讀者眼中，很可能被當成同一種問題，但仔細讀內容，思考前後句，就能明白李漁指稱的是三種成長中的問題。雖然成長的苦惱是每一個時代都有的現象，但李漁對文字的掌握與運用，非常拿手，他用三個字就把自己的切身之痛與多數人的問題都點得一清二楚了。

「避」是一個人犯錯或能力不足時不肯反省修正，也不更進學的表現。李漁了解人之所以會避的原因很複雜，所以，在下半闕中，他針對「避」給孩子的指導是：「人笑人嘲皆是譜。」譜字很重要，從字義的「有所記錄，有所依據」在心中可轉為「值得記取的教訓」。

「嬌」字最容易懂，也是一般父母因為捨不得孩子吃苦而造成的普通問題。李漁自己知道，他一生志氣大、興趣多，除了因為忙而疏忽了對孩子們的學習照料之外，也沒有真的讓孩子去面對生活應有的責任。在父親的保護傘下，孩子嬌弱了，所以，在下闋開導他們說，你們要學著吃苦，「須耐苦」三字，便是「羞」字的解方，而嬌養不耐苦的結果，是「才情腐」，因為，所有可以累積為才情的學習，都有需要吃苦耐勞的事實。

「羞」字恐怕是李漁最遺憾的一件事。儘管他那榮辱相伴、曲折難訴的一生未必人人都同意他所認同的價值，但他一直是以自己的膽識為傲的。例如他在建築上的種種心裁、機關設計；在出版業上的前瞻與劇進，也像他在政治上攻擊衛道人士又不得不屈服的轉折；在文學上誇耀自己的無敵於中原，在戲曲理論上的顛覆傳統，在行動上的大江南北。總之，一個大膽的父親，一定很難想透自己孩子的膽小羞怯。那種畏縮，在他的眼中就是「神氣沮」，以致當他用牛、羊、虎來類比精神強度時，既生氣又失落地說自己的孩子頂多列入膽小如鼠的行列。

對於孩子們的「羞」，他也開了處方單，要他們鼓起勇氣，要在「神前舞」，這是延續他以「巫」為比，鼓勵後生晚輩要學技藝，要得精髓，就要壯膽，於人前做事，要從察學開始。

我覺得這首詞當中，還有一處非常能反映出親子的成就差所造成的教養問題。自己的成就或許造成孩子的壓力或說辭，但這是李漁與所有父母都不願意聽到或看到孩子的「自阻」。雖然他沒有開口要孩子感謝他這些成就所給予他們的生活保障，但他也清楚地說了：「你們別拿我的出色當不敢試身手的藉口，別拿我的成就當不盡力的理由。」他的理由只要是為人父母的，都能懂，他說的是：正因為我有這個高度，這樣的眼光，所以你們如果有一點真本事就絕不會被忽略。

下闋的起頭，「莫道班門難弄斧，正是雷門堪擊鼓」，用了兩個典故。李漁這位老練的父親不只拒絕了兩個不上進孩子的幼稚藉口，也道出了為人父母即使一時灰心但永遠不肯意冷的愛子心切。

賢明、嚴格與慈愛

賢明的長輩，更不會為要完成某種狹義的美德而不顧大局，將錯就錯。
嚴格要基於真正的慈愛才有立身之處。
有經驗的生活者，知道即使是牛馬，過急的驅使也只會敗事。
帶孩子長大，我們大可充滿希望，但不能有不合理的期待。

從韓愈的〈馬說〉，父母可以懷著信心當自己孩子的伯樂，而想當一個伯樂的父母，確實需要三種特質：賢明、嚴格與慈愛。我曾以唐朝柳宗元所寫的〈桐葉封弟辨〉跟父母們討論對這三種特質的想法。

在課堂上，我總是鼓勵大家不要害怕原文，為了幫助媽媽們更快地自己讀懂原文，我也會為她們重分段落，增加或調整幾個字，再印出新的閱讀格式，當然，未經更動的原文在過後也鼓勵她們重讀一次。

之所以更動格式或補上一兩個字，為的是不用花太多時間摸索古文的語法，但又不採用跳過原文只聽取故事大意的閱讀。這對時間有限但心意深刻的母親們，似乎有一些幫助。只要不主動拋棄古文的資產繼承，在閱讀中，自然會發現語言古今的變化並沒有自己想像中的那麼大，修辭的工作不是在孩子的考題中才出現的，而是在日常說話為文早已存在的事實。

例如這一篇，調整過後的格式如下：

古之傳者有言：「成王以桐葉與小弱弟戲，曰：『以封汝。』周公入賀；王曰：『戲也。』周公曰：『天子不可戲。』乃封小弱弟於唐。」

吾意不然。

王之弟當封邪，周公宜以時言於王，不待其戲而賀以成之也；

（王之）不當封邪，周公乃成其不中之戲，以地與人，以小弱弟者為（封地）之主，其得為聖乎？

且周公以王之言不可苟焉而已，必從而成之？

設有不幸，王以桐葉戲婦寺，亦將舉而從之乎？

凡王者之德，在行之何若。設未得其當，雖十易之不為病；

要於其當，不可使易也，而況以其戲乎？

若戲而必行之，是周公教王遂過也。

吾意，

周公輔成王宜以道，從容優樂，要歸之大中而已。

必不逢其失而為之辭；

又不當束縛之，馳驟之，使若牛馬然，急則敗矣。

且家人父子，尚不能以此自克，況號為君臣者邪！

是直小丈夫缺缺者之事，非周公所宜用，故不可信。

三千多年前，周公以叔叔的親屬關係教育周成王，柳宗元所要辨正的議題，做為讀者當然可以放眼於不同的角度，選擇想要站在歷史考據、政治觀察、修辭或其他的論點上各自收穫。

我讀這一篇，看到的是賢明父母不可能放任孩子犯下可能影響他人的錯誤，同意他們不當的決定。賢明的長輩，更不會為要完成某種狹義的美德而不顧大局，將錯就錯。嚴格要基於真正的慈愛才有立身之處，周公既是輔君之臣，又身兼代父之職，眼光與格局都不可能如故事中所述，把一個封地子民的未來，放在成就「君無戲言」的教條中。

我跟媽媽班的同學強調，這篇文章無論她們同不同意柳宗元的看法，都值得以討論寫作與表達意見的條理眼光來閱讀。除此之外，更不要遺漏作者所歸

納出，他認為周公如何把幼年成王養大為人君的教方：

> 輔以道，從容優樂，要歸之大中。必不逢其失而為之辭；又不當束縛之，馳驟之，使若牛馬然，急則敗矣。

雖然，在這些字句中，柳宗元說的是一個他想像中君王被養成的原則，但我認為，這些原則同樣是一般父母對待孩子應有的心情。

教導孩子無論工作或休閒都要正當、中庸。錯了，不為他們找藉口，不會給予不應該的約束；也不會忽快忽慢，不顧反應地操控他們。

不會這樣做的原因是基於自己對生活的理解。有經驗的生活者，知道即使是牛馬，過急的驅使也只會敗事。也許柳宗元要說的是：智慧如周公者是不會對成熟有不合理的期待。

帶孩子長大，我們大可充滿希望，但不能有不合理的期待。

靠山不是真的山

讀這樣一篇古文，不只讀到了千年不變的愛子之方，還學得了古代文字語言的美、議論角度的平和、說服他人的力量和行事者自省的事實。這些愛孩子的古方可以為我們為人父母的眼光，增添一點深度，提供另一種思維。

愛孩子的方法太多了，不同的時代、不同的環境，世世代代的父母沒有不想盡辦法表達愛孩子的任何可能。方法雖多，但是方法之下的基本愛心應該都是一樣的。父母希望孩子不要受苦，希望他們比自己幸福，希望家庭能幸福快樂地延續。

希望孩子幸福一點都沒有錯，但讓孩子不勞而獲，無功而立，就不是正確的教養方向。

我有一位親戚生在優渥的家庭裡，因為環境好，耐力差，不曾認真學習也不想努力工作，最後敗了家業，在中年便淒然而逝。

親戚間如果談起這位長輩的一生，總會提及他那嚴格管教女兒，卻獨獨寵溺他的母親。他們所回憶提及的例子，聽來都不可思議。

日治時代學校畢業後的長輩，在父親的關係下到銀行上班，他抱怨工作辛苦，母親就很心疼，說孩子可憐，整天待在室內，臉色蒼白像被孵的豆芽，於是因父親的關係，又轉任小學老師。

日治時代的小學老師，每天都有一定的時間得帶孩子在戶外生活，不多久，他又抱怨了，於是母親又心疼，鬧著先生說，家裡不愁吃也不愁穿，何苦讓唯一的獨子在烈日下工作，晒得像炭一樣黑。從此，這位長輩在二、三十歲的幾年中，並非不在烈日下生活，卻只在烈日下玩樂。

離開工作之後的他，因為富有與慷慨，得到許多友情的陪伴，養寵物、追時尚，飲酒作樂中，他過完不算長的好日子。因為作保受騙比享樂還快地散盡了家產，在家財散盡之時，他卻因為從未吃苦已無法振作。

親戚們回想當年，總是唏噓，口中吐出一種幾千年來不易的真理：靠山從來不是山。誰會想到這麼能幹的父親，累積出的財富竟不夠能讓孩子無憂地過完一生。

以我們對地理文字的認識來說，「山」意謂著堅固，至少東漢許慎在《說文解字》上的定義上說明山是：「有石而高」，這足以給人一種堅實的感覺。然而，父母想以金錢、人脈為孩子築世代能用的靠山，似乎是不可行的。

就在聽長輩的故事中，我又一次想起〈觸讋說趙太后〉這一篇古文。想起為人父母之後，我曾多麼慶幸自己讀過這篇文章，那句：「父母之愛子，則為之計深遠」的提醒，與文中許多對我來說非常細緻的啟發，我也希望更多年輕父母了解。

這篇古文出自《戰國策》，常被說成忠言逆耳的典文。原文是：

趙太后新用事，秦急攻之。趙氏求救於齊，齊曰：「必以長安君為質，兵乃出。」太后不肯，大臣強諫。太后明謂左右：「有復言令長安君為質者，老婦必唾其面。」

左師觸讋言願見太后。太后盛氣而揖之。入而徐趨，至而自謝，曰：「老臣病足，曾不能疾走，不得見久矣。竊自恕，而恐太后玉體之有所郄也，故願望見太后。」太后曰：「老婦恃輦而行。」

曰：「日食飲得無衰乎？」

曰：「恃鬻耳。」

曰：「老臣今者殊不欲食，乃自強步，日三四里，少益耆食，和於身。」

太后曰：「老婦不能。」太后之色少解。

左師公曰：「老臣賤息舒祺，最少，不肖；而臣衰，竊愛憐之。願令得補黑衣之數，以衛王宮。沒死以聞。」

太后曰：「敬諾。年幾何矣？」

對曰：「十五歲矣。雖少，願及未填溝壑而托之。」

太后曰：「丈夫亦愛憐其少子乎？」

對曰：「甚於婦人。」

太后笑曰：「婦人異甚。」

對曰：「老臣竊以為媼之愛燕后賢於長安君。」

曰：「君過矣！不若長安君之甚。」

左師公曰：「父母之愛子，則為之計深遠。媼之送燕后也，持其踵，為之泣，念悲其遠也，亦哀之矣。已行，非弗思也，祭祀必祝之，祝曰：

『必勿使反。』豈非計久長，有子孫相繼為王也哉？」

太后曰：「然。」

左師公曰：「今三世以前，至於趙之為趙，趙王之子孫侯者，其繼有在者乎？」

曰：「無有。」

曰：「微獨趙，諸侯有在者乎？」

曰：「老婦不聞也。」

「此其近者禍及身，遠者及其子孫。豈人主之子孫則必不善哉？位尊而無功，奉厚而無勞，而挾重器多也。今媼尊長安君之位，而封之以膏腴之地，多予之重器，而不及今令有功於國，一旦山陵崩，長安君何以自托於趙？老臣以媼為長安君計短也，故以為其愛不若燕后。」

太后曰：「諾，恣君之所使之。」

於是為長安君約車百乘，質於齊，齊兵乃出。

文章中，除了觸讋巧妙地製造了親子關係的生活話題，使原本氣極敗壞，不准大臣再有任何進言的趙太后步步投進他的問題中，還搶著辯解自認完整的母愛。這位母親最後在觸讋指出他對她的觀察：為女兒懷遠憂，卻沒有以同樣的心為兒子深遠計時，默然地被說服了。

這篇文章很有趣，如果撇開國家的角度，其中的話題在今天來說也是時髦的！

到底是男人還是女人比較懂得愛孩子？

父母愛兒子和愛女兒會不會不一樣？

這個家庭或另一個家庭愛孩子的方法，哪一種比較好？

不同的是，讀這樣一篇古文，不只讀到了千年不變的愛子之方，還學得了古代文字語言的美、議論角度的平和、說服他人的力量和行事者自省的事實。

我之所以喜歡跟年輕一代的母親們共讀這樣的文章，就因為在大家各自所有的育子經驗中，這些愛孩子的古方可以為我們為人父母的眼光，增添一點深度，提供另一種思維。

沒有代溝的叮嚀

開場白

隔代的叮嚀，不隔代的愛

「隔代教養」從字面上一望而知，在實際兩代的生活關係之間還隔著一代，而這一代，在絕大多數的實況上才是真正重要，也應該是最合理的意見主張者。

有些隔代教養是因為條件上不得已：孩子的父母不在了，或不能在；有些是上一代眼中充滿愛，他們知道如果自己在教養上協力，對子女將有很大的幫助。隔代教養是親子之愛繼續不斷的典型，也是父母提攜扶持子女最美的實情。我身邊就有不少前輩正為此付出，過著很充實，退而不休的生活。

無論隔代教養是日常或僅在假期間給予的協助，能這樣協助子女的父母，都是非常了不起的。如果做為子女的一代，能站在這個觀點上思考，心中必然是非常感激，也一定能站在更客觀、更同心的角度上思考教養。

「隔代教養」在執行上雖然隔著一代，然而，愛是不相隔於年歲之外的。我相信，愛孩子的心，祖輩跟父母親們是一樣的。

這一輯中，我集合了我與母親們討論，或孩子與我相處時所發生的問題與值得檢討的內容。

媽媽班的學生不嫌棄我，而稱我為老師，他們尊重我如長姊或母親，因此我才能站在以孩子為重的單純角度，給他們建議，跟他們共學。

保護天真

身為長輩要保護一個年幼孩子自然成長，是多麼的不容易；要保護一個女孩，教導規儀，允許修飾卻不失天真更要費心。

我收到幾張照片，照片中的孩子是一個從娘胎我就看著長大的女孩。五歲的盈盈大眼，雖然有我所熟悉的聰明可愛，但照片中成人一般的坐姿，卻是我所陌生的。上傳的群組中除我之外，每個人家中都有年齡相近的小小孩。

我不確定，是因為我年紀大，思想與眼光都落伍了？還是因為我年長，對孩子的天真難守就比較憂心，所以，當其他媽媽們都留言盛讚孩子可愛時，只有我沒有說話。當然，我也想到這樣的時代，讚美已經成為一種禮貌，未必見得大家在可愛之外沒有另一種感觸。

那兩天，我幾次忍不住又去看那張照片，怎麼看，都覺得一個五歲孩子修長著腿，叉腳斜放，嬌嬌滴滴含額抿嘴而笑的樣子，不是真正的她。實在是對這幾位媽媽們有足夠的信心，於是再也忍不住心中話，就在群組裡道出了自己的提醒：

親愛的大家：

孩子當然是很可愛的，但翁大哥跟我在第一時間看到照片時，對苡真這樣的坐姿都有意見。媽媽們要費心保護，否則小女孩會以為做作是一種優雅。

不多久，孩子的媽媽也留了話：

謝謝老師和翁大哥的提醒，這一席話，大概只有您們會告訴我了，我明白，會謹記在心，好好保護小苡真的。

我留話說：

謝謝你們對「老人言」不反感。……

「老人言」如今對我來說，其實就是在隔代教養中，有疑慮卻不得不說的話。那張照片，使我想起，身為長輩要保護一個年幼孩子自然成長，是多麼的不容易；要保護一個女孩，教導規儀，允許修飾卻不失天真更要費心。

在思考小女孩時，我幾次想起兩百多年前一位英國女作家瑪麗．沃斯通克拉夫特在書寫自己對女兒深深記掛的一段文字：

做為一個女人，我尤其記掛她——心頭常常升起一種母親的喜愛與焦慮之情。我擔心，擔心她會被迫為原則犧牲心願，或者相反，為意願而犧牲原則。我在培植感性，撫育柔情時兩手顫抖，害怕在給玫瑰增多豔麗的同時，磨礪了荊棘，從而扎傷了我想要保護的胸懷。我害怕開闢她的心智，擔心這樣會使她不適應這個她要旅居的世界。

當然，兩百多年前，無論是哪一個國家，女性生長的條件跟今天都有天壤之別。問題是，如果生活條件的改善並沒能因此而改變女孩的自信，那孩子一樣會成長得很辛苦。

我擔心的是孩子誤解了自己，在講究外表，從小就藉由影像認識自己的養成中，快樂的成長是不是因而離理想更遠？而可愛的天真更難以留存？

重要的一刻

選擇當父母，就已經不是平凡的一生，
有許多時候，是不能不立刻放下手邊的事去面對孩子心中
或自己生活中那些「重要的事」。
一旦面臨那樣的時刻，該放下，就放下吧！

當父母最緊張的時候，大概是孩子一反常態、特別嚴肅地到你跟前慢慢地講道：「媽媽！我有一件重要的事要跟你說。」你聽完這樣的話之後，心跳會加速，在自己聽得到的噗噗聲中，雖然是因為一時反應不過，水面無波地看似鎮定，但腦中已立刻根據對孩子的了解，他年齡的大小，開始猜測話中所謂「很重要的一件事」到底是：

打破東西？在學校跟人打架？考試不及格？交了男女朋友？被退學？要結

婚了？

還是比自己想像中更嚴重的事……養孩子很少人沒有過頭皮發麻的經驗。確定父母會視為好消息的事，孩子從來不會以這種肅穆的氣氛出場。他們會叫、跳、大聲地說：

我考一百分、我第一名、我被錄取了、我要結婚了（當然他的心上人正是你所屬意的）……雖然這些也都是「一件重要的事」，但快樂的孩子像爆竹一樣，是不會冷靜的。所以，所有聽到「我有一件重要的事要告訴你」這種話的媽媽們，多少都有一些心理準備了。

有一天，我讀到一封年輕媽媽的來信，是孩子在中學作弊被老師發現，她希望聽聽我的意見。我知道面臨這樣問題的媽媽，心裡是非常難受的，立刻約了時間通話，得知她知道消息的過程，開場就像先前我所提的：

「媽媽，我有一件事要告訴你。」後面還加了：「你知道之後一定很生

氣。」正在備晚餐的這位母親出奇的冷靜，她回答孩子說，等一下再說，我現在正忙，直到晚上十點，家務全部結束，才坐下來聽孩子要說的那件重要的事。

作弊的問題很清楚，不用再討論它的對錯，所以，我只提醒這位媽媽要為孩子分析兩件事：

一是，人因為作弊而損失的不只是要接受「懲罰」，而是改變了他人對他的觀感。這種失去最有價值的人格資產實例，大概是孔子的學生宰予可以被引為借鏡的。《論語．公冶長》記載：「子曰：始吾於人也，聽其言而信其行；今吾於人也，聽其言而觀其行。於予與改是。」宰予破產的不只是自己的信用，還改變了孔子對所有人的行為信心，真所謂害群之馬。

我跟這位媽媽說，孩子還小，都會犯錯，他們也有犯錯後受指正的權利，但要清楚地為孩子分析錯誤的結構，要藉錯來「改變價值觀」或「重建新觀念」。這個小朋友是把答案事先手抄一份夾在桌下。媽媽可以指出，抄一份答案也需要時間，為什麼他不利用同樣的時間去讀懂、熟記。雖然這聽起來是很簡單的道理，但是在我陪伴孩子的過程中，好幾次在孩子犯錯中才猛然發現，簡單的道理未必精緻地教過。

正因為太理所當然了，我們往往以自己堅定的了解而粗率地教，或省略而過沒有仔仔細細分析，事後的糾正也未必合適。學校的老師說：「因為你錯了，要付出代價，接受處罰。」要孩子為過錯付出代價當然是正確的，但以「勞動服務」做為處罰，卻不對格。考試作弊是起因於偷懶，但孩子想避免的，並不是體力勞動的懶而是心智用功的懶。所以，用什麼罰才能避免下一次的弊，既改變他的認知，又同時增加學習力，是大人在面對孩子不同的過錯應該分析的問題。

那天，除了對於錯與罰的討論之外，我還看到一件真正讓我擔心的事，也就直言無諱說出自己的感想了。

我問這位媽媽，在孩子說完：「我有……」之後，她為什麼沒有在最短的時間放下手邊的事？雖然我猜想她因為心裡有數而害怕，但站在一個被信任的長輩，一個更資深母親的角度上，我還是要告訴她：「事情再壞，晚一點所知道的內容也是一樣的，但一放，過了好幾個小時，在這幾個小時當中，孩子和你的憂慮都在加倍，受著不需要的煎熬與猜測，對孩子來說不好，對你教他的經驗更不好。」

我問她：「你為什麼不立刻跟他一樣嚴肅地坐下來，然後跟他說：『你得先告訴媽媽發生了什麼事，我才能告訴你我會有多生氣。』」

選擇當父母，就已經不是平凡的一生，有許多時候，是不能不立刻放下手邊的事去面對孩子心中或自己生活中那些「重要的事」。一旦面臨那樣的時刻，該放下，就放下吧！

心裡難過的時候

孩子失序或錯誤，並不為難我，
既然決定要以隔代的經驗來教導小朋友，
就應該合理的看待成長必有的坎坷。
雖然不敢奢望來到跟前的孩子個個敬我、愛我，
但還是非常期待孩子們都有柔軟易感的心。

無論什麼年齡，帶孩子不只會有身體困累的時候，也會有心裡特別難過的時刻。身體的困累只要有希望就容易克服，但面對教育的責任而心中難過時，就需要彼此的鼓勵。

長久上課以來，無論父母親們如何幫助我在孩子面前建立聲譽，孩子就是孩子，總會有讓人非常傷神的地方。

孩子失序或錯誤，並不為難我，以我的年紀，以我當母親的資歷和長期跟

孩子相處的經驗來說，既然決定要以隔代的經驗來教導小朋友，就應該合理的看待成長必有的坎坷。雖然不敢奢望來到跟前的孩子個個敬我、愛我，但還是非常期待孩子們都有柔軟易感的心。

好幾年前，我曾在電梯中看過一個上小學的男孩不帶一絲玩笑地「揍」他的外婆。那位從鄉下來支援女兒家庭的和藹老人，悲悲切切的樣子，至今還留在我的腦中。我看到的不只是一個行為有問題的孩子，讓人害怕的是那孩子的心硬。

朝夕跟孩子們相處的好處是生活化，生活實務讓各種責任教育不落為空談。但它辛苦的一面在於，如果教育對象還未建立對紀律的理性了解，往往就無法珍惜環境教育所能帶來的啟發與受訓練的好處，相對的也會嚴重影響其他同學的生活品質與學習權益。

討論教育最讓人感受到教育的狹隘，並不是生活範圍的不夠寬廣，而是各偏一是的答案，沒有中心價值的比較，所以，父母其實無須過度心煩，問題是單純的，狀況之所以讓人費心，只是因為長久以來，身為親師的雙方，不能在各自與孩子們相處的時候貫徹「導」與「教」的作用：

導是揭示價值，建立觀念；

教是以言行具體帶領實踐的方法，並即時修正錯誤。

光以「說話」來看，這些年我就常跟孩子們討論他們說話的方式有很多種的問題。有時候，當他們像是對著我提問，而我很關心地回答時，得到的回應是：「沒事！」我教他們說，如果不注意，養成這樣講話的習慣，有一天會像「放羊的孩子」一樣，不再有人關心他們的出聲。孩子睜大眼睛，好像第一次聽到這樣的提醒。原來，他們已經習慣說話不一定有人聽，所以常喃喃自語沒人聽，挑釁說話也沒人管。

在應該說：「我們聽老師的決定」時，有人會輕佻地答：「聽啦！反正老

隔代不隔愛
心裡難過的時候

師最大。」也有孩子小小的就立志要當意見領袖和永遠的反對黨。他們掀起吵鬧的膽識也讓我驚訝。雖然只是少之又少的例子，但只要眼見一個尊幼不分、環境不顧、人我錯亂的實例，心裡便要難過很久，擔心誰來改變他們。

一個像我這樣年齡的人，想跟孩子以師生關係相處，除非孩子的價值觀夠正確，否則總會有需要承受因為不敬而難過的時候。那難過逼迫自己看到世代漠視尊重的事實，也會讓人擔心資深卻沒有尊嚴的問題。

在那樣的時刻，我想的是另一個跟我一樣年齡的老師，他們會不會處在「不得以的屈辱」或「責任感」的掙扎中？他們何以能戰勝自己，得到繼續努力的力量？而我又何以經不起這種考驗呢？

社會上少了我這種年齡的老師並不嚴重，但我真正的害怕，是家庭長輩如果對新時代的教養望而卻步，那將是多大的損失。好長輩是好孩子出現的機會，所以，每當心中難過的時候，我就告訴自己不能怕，因為大部分的孩子都是很好的；而不夠正確的孩子，也有權利得到指正。

不用問的事

「不問」並不是「不關心」；
問了，也不是覺得關心就能以理想或正確的角度往前進。
問題發生的時候，每一種情況都需要在立即的感受與採取行動之前，
再多一點的判斷。成為孩子身邊的大長輩之後，
我但願自己的陪伴更有「智、仁、勇」的精神，
能慢慢「不惑」、「不憂」與「無懼」。

面對孩子出問題的行為，決定哪些事「該問」或「不用問」，是我對自己有沒有資格因為「年長」而變成「資深」最常有的自省。

現在覺得「不用問」的一些事，如果發生在當年，我可能會以年輕父母的焦急，大張旗鼓地查問。但開始接近祖輩之年的此時，我的心境有了奇妙的改變。有些事情明明就發生在眼前，我卻選擇不問。

是因為我開始接受現代孩子跟以前不一樣的事實？

還是我的考慮真的比自己年輕當父母時來得成熟？我願意是後者。

無論以什麼身分帶孩子，問題發生了就要處理，而處理有兩種心情選擇：一種是像一個偵探一樣地展開調查，抓住關切和與環境中所有人的目光（那是我最不願意，卻是孩子最容易集中的精神）。

另一種是，像一個希望解決問題的人，單純地從問題來講解自己的看法，分析或比較狀況，呼籲大家落實此後類似問題的有效行動。

經過一段長時間的實證，如今只要教導上遇問題，我會採取更務實的行動，更能看到簡單的道理。

因為孩子必須從所發生的問題中獲益，所以我也要自問，是什麼樣的處理方式才能產生行為覺知的啟發。我希望走最不虛耗情緒成本的路，要節省孩子學習的時間，要用簡要的解決方法建立正確的觀念，所以有些事才選擇不調查，不想找出闖禍者。不回顧問題發生的過程，有時讓孩子感到意外了，但只要他們不覺得我是故意以莫測高深來使他們感到恐懼，那就沒有關係。

我舉兩個這種決定之下出現過好結果的例子。因為其中一例我曾寫信給孩子，就直接以信件做為說明。

親愛的孩子們：

昨天工作室廁所發生的事，大家都嚇了一大跳吧?!

老師在下課前之所以請所有的爸媽們提前半個小時到，是因為我突然發現，在陪伴許多小朋友長大的過程中：雖然身為大人的我們口口聲聲說愛你們、關心你們，卻往往只在彼此之間憂心忡忡地討論問題，而沒有把你們當成參與討論的成員之一，於是，問題在轉答中失去最簡單，也最重要的意義。

到底是誰在男生廁所中另外隔出的馬桶座間，故意把尿遍灑在整座馬桶、牆壁和門框上，讓整個空間充滿臭和穢，老師並不想特別調查，或懷疑任何一個同學。

做為教導你們的老師，我感到很慚愧，也如我當著你們的面，對父母說的那樣，應該慚愧的人一定不只是我而已，還有你們的父母們。我們一定是哪裡做得不對，或對你們的教導不正確，以致當中有一位小朋友選擇了利用上廁所的時間去破壞環境。

記得你們剛跟我上課的時候，常常在想上洗手間時舉手等待批准。我跟你們說：上廁所是生理自然的需要，想上廁所的人不用經過批准，自己去，但上完要把手洗乾淨、擦乾，在使用中，也要保持所有設備的清潔，因為這是許多人共用的空間。我是多麼地信任你們，又多麼地想在信任中，自然地教會你們自重。

讓 Bubu 老師感到非常難過的是，這個破壞的事件不只說明了有一位小朋友心中憤憤不平，也使所有的男同學都受到懷疑，這種不公平並不是老師採取任何調查行動可以挽救的。

我認為，最緊迫的需要是身邊所有的大人帶著你們好好反省，並且給出一個有用的建議，否則，誰也不知道下一次這樣的事會發生在哪裡，或由誰做出。因為這是一個用「非常不好」也「非常不勇敢」的方法來表達意見的結果，而我們每一個人都會有表達意見和情緒的需要，所以，雖然眼前是「一個人」的破壞行為，但在我的心中，卻是「每一個人」都要學習的功課。

Bubu 老師筆

這個處理的方式既沒有花費孩子和我太多的時間，也沒有引發家長不必要

的盤問或猜測。但是，工作室的廁所變乾淨了，就算偶爾再有不是故意但不謹慎的用法，我的提醒也變得更能直指問題，簡單明白。

又一次，我因為愛美心切，把幾個頗有家庭歷史意義的小杯子拿給小朋友裝點心吃。他們在收整時，因為帶點故意的推擠而打破了一只。我沒有告訴家長誰打破的，也要他們回家不用舉發別人，事情的意義不在「知道誰做的」而在「了解行動與災害或損失」之間的關係。

好幾個月過後，有位媽媽來跟我說，他的孩子有一天主動告訴她，那杯子是他打破的，然後他問媽媽說：「為什麼我那麼糟糕，Bubu 老師還要我？」我笑了，詫異地問：「不壞啊！能這樣想的孩子，怎麼會壞呢？」

「不問」並不是「不關心」；問了，也不是覺得關心就能以理想或正確的角度往前進。問題發生的時候，每一種情況都需要在立即的感受與採取行動之前再多一點的判斷。就在我成為孩子身邊的大長輩之後，我但願自己的陪伴更有「智、仁、勇」的精神，能慢慢「不惑」、「不憂」與「無懼」。

給孩子磨練體貼的機會

教養就像做一道菜那樣，
不能因為「愛」與「了解」是很好的調味料，就忘情地傾倒。
體貼是愛的一種成熟表現，而成熟需要時間。
成熟之所以需要時間，並不是單純的等待，
而是需要合理練習的機會。

「愛」是教導孩子的能量，「了解」才能提出教導方法，但社會集結了最大的能量，也彼此共通了方法之後，為什麼父母仍然憂思不斷？教養的知行不能合一，問題究竟何在？

有一天，我在外出用餐的場景中看到了從未想像過的一幕，說給同輩朋友聽的時候，我以為他們會跟我一樣訝異，沒想到大家笑我的大驚小怪。

那天見到的是一對父母帶著一個小女孩到餐廳吃飯。小女孩還沒放下背包，父母就慈愛地指著菜單要孩子先選「自己喜歡」的飲料。而後，那位媽媽拿出自備的小瓶酒精，仔細噴灑擦拭桌面，又以才幾公分的近距離檢視整張桌子的角角落落。突然，孩子的父親以王子向公主求婚的姿態，單腳跪地地幫小女孩脫鞋，又替孩子罩上一條軟布褲，接著擦拭她的雙手、臉龐。

不久，菜未做好但飯先上桌了，小女孩嬌嬌地指著飯碗比了比，坐在隔座的媽媽立刻說：「想吃了嗎？」話聲未落，孩子頭也還未點之前，對座的爸爸已快速地拿出背包中放在一只夾鏈袋裡的餐具。在父母合作無間的動作中，小女孩就像女王，一語不發，服務就到。餐具拿出來後，這對父母開始輪流把孩子抱在腿上（她至少是小一生了），然後一湯匙、一湯匙地餵，孩子想吃就開口，不想的時候，父母便耐心撐著手等她。

我看得很入神，對父母能這樣服侍孩子的愛心感到不可思議。我也想起自己的日子過得太好，是成語中的——「何德何能」才能形容。

Eric 跟我，何德何能，在這樣以服侍來定義愛的時代，可以在小住校的時日中，身穿著孩子們努力學習燙出的衣褲？

可以在我跟他們說：「從今天開始，Bubu 老師不再站洗碗槽，你們要自己好好想想怎麼把廚房清理乾淨。」的時候，看到孩子立刻戴起手套、接手勞務。

在每個早晨起床盥洗後，戴起拋棄手套，清理自己使用過的整座馬桶、倒垃圾。

生活中有太多雜事與勞動，當「愛」必須具體於生活當中，它既是一種義務，同時也是權利。如果適時給孩子們多一點練習體貼的機會，會不會也等於父母願意孩子成熟，允許他們有愛人的能力？

在餐廳受父母如公主、女王般對待的女孩，看起來是很霸道的。但不知為什麼，那個頤指氣使、行為霸道的她，又讓人感覺到，她幼弱地生活在父母愛

的霸權之下。

我帶過不少「怯生生」的孩子，他們由膽怯而轉為面對問題時無畏但不失孩子天真的過程，的確都需要「愛」也需要「了解」。但教養就像做一道菜那樣，不能因為「愛」與「了解」是很好的調味料，就忘情地傾倒。果真如此，考慮不周的過度只會使結果失去平衡、喪失美味。

體貼是愛的一種成熟表現，而成熟需要時間。成熟之所以需要時間，並不是單純的等待，而是需要合理練習的機會。以現在的孩子來說，生活急匆匆、課表滿檔之外，慰勞的娛樂更不少。一個孩子要從正常的生活中得到足夠的機會來練習自己體貼家庭的能力，並不容易。那需要父母有眼光，同時又能重視教育技能，定睛於愛的成長。

體貼不是心血來潮，所以，不要鼓勵孩子偶爾表現一下，平日卻不幫忙。孩子很可能會做幾道菜卻不肯清理，可能會燙衣服卻不每週幫忙；很可能上完洗手間、用完浴室卻由他人來清理；孩子更可能經常摟著父母撒嬌，讓父母感覺到自己的大肩膀好有用，但他們卻不能自動自發、好好用功，常常鬧情緒，為父母添愁。

在那樣的一刻，如果我是父母，我會覺得自己備受「親子之愛、體貼教育」的考驗。我會想得更深、更遠，我會自問：

一個懂得愛、夠體貼的孩子，為什麼不能盡自己的力減輕家庭的負擔。

任何關係都一樣，「去愛」的能力需要被「受體貼」滋養。很多一輩子愛孩子而無怨無悔、精神愉快的父母，並不是因為他們是聖人，而是因為他們的家庭生活中，愛與被愛非常平衡。

到了這個年紀，我會建議年輕父母採行我們已經成功做到的經驗：讓孩子有回報愛的機會。最基本的是：

開開心心地幫父母分擔家務，認認真真地把功課管好。

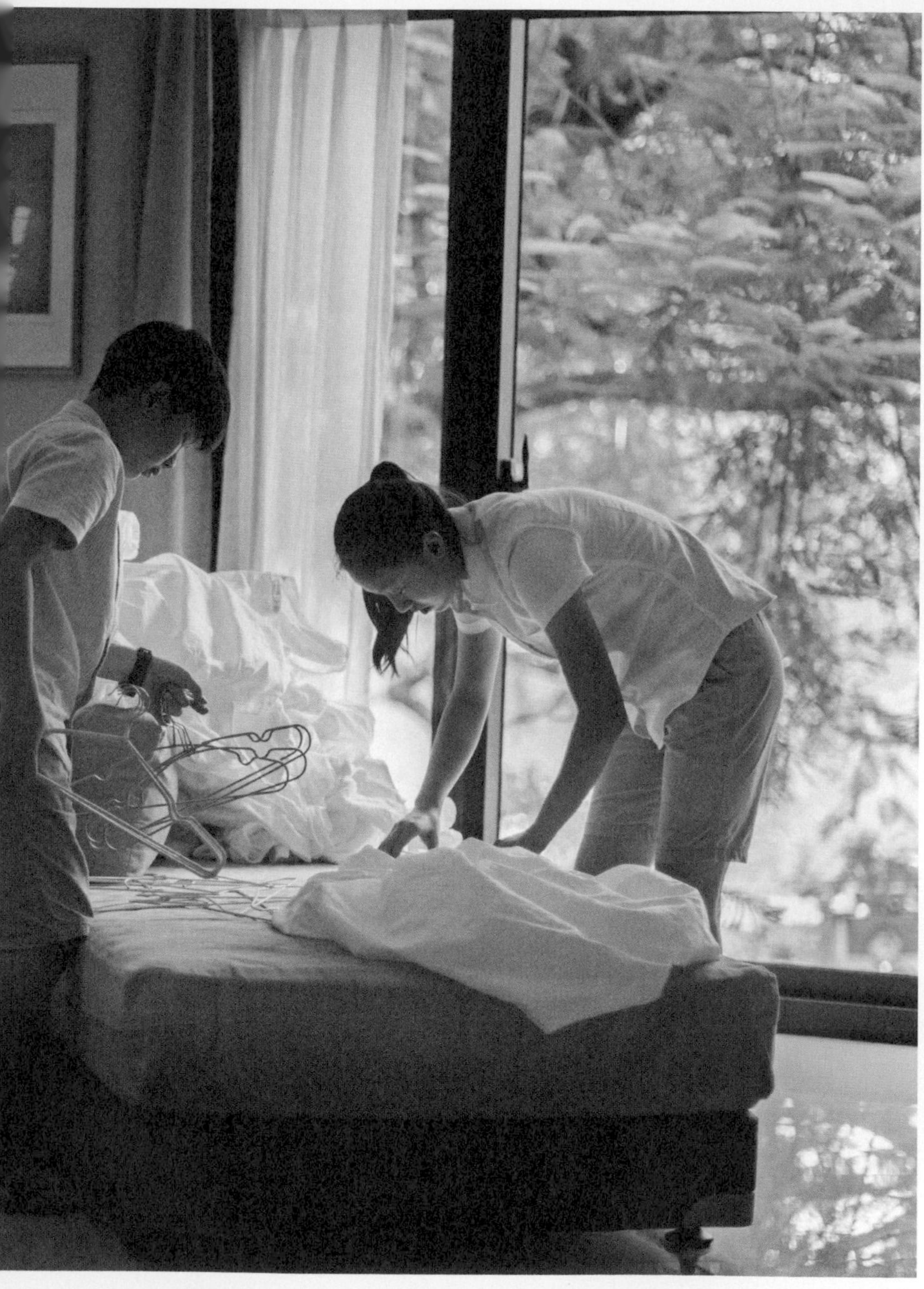

知識裡沒有代溝

知識的記憶、知識的話題，像一陣風，輕輕吹開了我們心情的烏雲。
我知道跟孩子一起學習永遠不必有「趕不上時代」的恐懼，
舊的基礎可以是每個長輩認真拿起筆、
架起眼鏡和孩子端坐桌前熱情討論的信心。

我小時候看到爺爺常架著一個很厚的眼鏡，又用放大鏡在讀書看報；奶奶雖然不大識字，也會在爐前、餐桌上用台語輕聲緩語地叮嚀我們說：愛讀會，愛寫字。

這便是我從小來自生活的認知。好像天下的祖輩無論男女，全都是溫和、對孩子用功有著嚴謹想法的人，除此之外，他們對小小一輩孩子的督導與陪伴也是心意一致的。沒有人會對孩子說：讀書不一定有用，因為他們心中希望讀書可以幫助孩子身心安定。所以當我歲數增添到印象中家中祖輩的年齡時，我不只感覺到人愈老愈適合教孩子愛讀書的心情，還確定歲月會累積出教導的耐心。

跟孩子一起學習的感覺有多種享受：小小孩使我驚訝於基礎能力可以如此迅速地全面建立；大孩子可以跟我形成知識交流，分享對語言的熱愛，他們也能不斷地再教給我一些其他知識；或激發我更深度自學的渴望，或喚起我重新複習某些遺忘知識的熱情。

我問自己：如果學習是可以為終身帶來愉快的事，那我為什麼不因為孩子去撿回他們正在彈而我如今忘了大半的鋼琴曲？去重背孩子正在背，而我現在不能暢流的〈出師表〉？去研究一下他們有些被修改的筆畫、筆順或讀音？去練習自己下筆時已經不夠有自信的一些字？去觀察一下，他們演算數學與當年我們的解法有哪裡不同？

去……跟孩子一起學習。

自己離開童年五十幾年之後，我相信今天站上祖輩位置的人，已經很少像我的奶奶那樣識字不多了，但似乎也更少像奶奶那樣，會在噓寒問暖之餘，悠然愉快地看著我們做功課，聽我們為她讀報，或跟我們說她小時候成長的故事。

那種長者的神采為何不見，那樣的愉快為什麼不再重拾？是電視的影響嗎？是電腦手機之過嗎？還是我們已經不敢用寧靜的方式和新生一代的資訊兒童相處？

我覺得長輩教孩子讀書的「教」實在是廣義的。看著孩子寫功課，即使不全部懂得他們所學的內容，那種一派安靜也是一種教；教的是，做事就應該有一顆安靜的心和基本規矩。

聽孩子說話時，適時地指點一兩個用語也是教；教的是生活的表達、社會

的學問、語言的美感。

當我們為孩子分析自己所做的事，是一種教；教的是經驗的好處，幫助他們習慣用已知的技能去擴大處理新問題的機會。

我的父親不只在當父親的階段熱愛跟我們共享知識，當他不到六十歲就升格為祖輩後，更是喜歡當孫輩們的老師，灌輸他們生活知識。在兩個女兒小的時候，爸爸就曾在我們家的調味罐上貼了化學式，鹽罐上貼著 NaCl、水龍頭上有 H_2O……孩子更大了一點之後，爸爸從報紙、期刊上剪下自認為重要的新知要她們看。再更大了，女兒們從大學畢業，各以專業入社會工作，他更怕她們錯過行業相關的資訊或好作品，搜集很多資料送她們。如果從父親病倒前的時日回想，我腦中最缺的畫面是大家一起坐在電視前的相聚。大多是餐桌上的談話，而談話的內容隨著成長具備的能力，以知識為介面而話題無限。

如今，父親病倒已一段時日，無論家人怎麼勸慰，母親總有一些打不起精神的時候。如果低落失意襲擊而來時，我發現最有效的方法就是跟母親談知識、討論文字。更有效的是，告訴她孩子們正讀著哪些她也讀過的篇章，那時的媽媽會穿越心情低谷，以著九十歲，令人驚訝的記憶力，制止著我說：「讓我想想，……等一下……」然後，不無得意地唸起李密的〈陳情表〉，或用日語背上一兩則《論語》。知識的記憶、知識的話題，像一陣風，輕輕吹開了我們心情的烏雲。

就在那樣的時候，我知道跟孩子一起學習永遠不必有「趕不上時代」的恐懼。因為每一代都有些基本事物是不變的。而所有新的知識，除了經過實證而被推翻的理論之外，舊的基礎可以是每個長輩認真拿起筆、架起眼鏡和孩子端坐桌前熱情討論的信心。

了解用功的孩子

「用功」是冷暖自知的心靈喜悅，
一個成熟用功的人，因為自己很努力，所以尊重另一個用功的人。
我喜歡看用功孩子所下的功夫，展望著這種「工作不用人監督」的孩子，
想著他們長大成人之後將為未來的環境帶來多大的好影響。

要跟一個用功的人才能談努力的事，所以我很喜歡「用功」兩個字。我跟孩子們說：「別把『用功』寫成同音字的『用工』。」「功」是有心有力、以勞建效，用功的人既有：願意做的心意、花下時間認真工作的事實，又肯聽取對進步來說有用的經驗。真正用功的人，有不少是擇善固執者，但沒有一個是偏持己見的人，因為努力的人渴望知識、想要進步，所以，跟他人就能自然地進行有益的溝通。

「用功」兩個字是冷暖自知的心靈喜悅，大概也是成人世界中才會有的相知相惜。一個成熟用功的人，因為自己很努力，所以尊重另一個用功的人。但成人對孩子的期待與憐憫之間常有矛盾，有一些孩子在這種情況下會不知所措，尤其是聽到有些大人叫他們：「不要太用功。」所以我跟孩子相處的時候，既怕自己把話說含糊了，也怕自己因為淺釋了「用功」的意義而忽略了他們應受的關懷，說得更深一點，不少孩子除了關懷之外，還需要被理解。

我當母親的時候，我看到我的孩子從慢慢用功而變得聰明。跟其他人相比，她們都不是別人眼中「典型」聰明的孩子。她們很少發問或插嘴，沒有機靈古怪的對話，我們也鼓勵她們欣然接受團體所立的規矩。

我知道自己孩子的聰明「非典型」到不夠「時尚」已是很早的事，因為幼兒園的老師曾把我們叫去告訴說：他們很擔心我們家的女兒「太乖」了，而那些年（二十八年前），台灣正掀起一股對傳統教育的反風潮，很多家長相信一種非常特殊的模糊，認為一個孩子如果反對或刻意跟大人唱反調，是因為他們懂得思辨；不是因為他們不懂禮貌，而是他們不墨守成規。在我看來，學校既不負責、又暗示著不守規矩代表小朋友有突破「學習極限」與「思想框架」的可能。

所幸，我的孩子們或許不能在聰明上「入時」，但她們因為我們的堅持而不得不有一點早熟的處世智慧，只得繼續用功努力、在變動的教育條件下，一次次度過學習必要的挑戰，成為至少是我認為了解學習旨趣的人。

有一天，我在整理自己的舊物時，在堆如小山的照片中，看到一張女兒們小時候在瑞士的旅館裡，我的爸爸在夜晚為她們拍下的照片。當時，我腦中立刻想起她們這一生中無數個用功的日子。我之所以了解她們，也因為我自己是一個用功的人。

如今，自己孩子的用不用功，已不成為我的煩惱或驚訝。但來到身邊的小

朋友，如有用功者，一樣給我非常感動的震撼，甚至，比幾十年前自己孩子所給的感動還要多。多的原因是，我們處在一個以當「聰明人」為楷模的世界，對孩子的勤勤懇懇少了了解。

一個思想「老派」的人，未必是年齡夠得上祖輩的人。而我恰巧是也老了，又老派的人，所以我喜歡看用功孩子所下的功夫，展望著這種「工作不用人監督」的孩子，想著他們長大成人之後將為未來的環境帶來多大的好影響。

沒有人能對「用功」下時代的定義，但「用功」跟「好學」的意義，對我來說，可通的路是《論語》中哀公問於孔子的：「弟子孰為好學？」用功者，必好學。因此我更知道，每看到一個認真學事的孩子，他們的身影都督促我該如何以更實際的行為來回應他們的努力。

我應該更全心全意地陪伴；我應該更仔細認真地改作業；我應該更歡喜地聆聽，跟他們談話；我應該用我所能做到的一切，來回應我自己期待的「了解」。

不要這樣說話

人與人之間的談話，不當的用詞和失卻的溫度會傷人，
不當的關懷和虛假的糾纏會起疑心。
直言並不是交談的忌諱，
但每一個人終其一生都要審視自己直言的意圖與直言的禮貌。

沒有一代人當父母曾經簡單過！所以，我的經驗是養孩子需要爭取時間來做更有益的事。我給晚輩們的建議是：如果把感嘆困難或探討已知準則的時間拿來換取跟孩子們相處的機會，孩子們一定會更好。

在教養上，我們無法拿「言教」和「身教」相比較之後才確定何者「更重要」。前人之所以告誡後代父母要重視身教，並不是相比較之後的結果，意思只是說：不要當一個光說不做的父母。提醒大家：教養不是用一套理想道理可

以成型的工作。

無論跟哪一個年齡的孩子相處，總會有需要說話的時候。我們跟孩子說話，有時為回應、有時為溝通、有的為教導，總之，「說話」是再怎麼自稱木訥的父母也不可避免的工作，再有身教的父母也會深思的功課。

說話是一種習慣，這種習慣在養育孩子過程中的力量非常多向。除了是親子之愛溝通的方式，更直接提供了語言不同要素的模仿經驗與情境教育。我曾經建議一個素昧平生的待產母親改變她講話的方式，那對話的過程在我們雙方來說都不是太愉快的記憶，但我實在不願意世界上再多一個對自己粗暴的言語毫無所覺的母親。

在非典疫情日益嚴重之後，九十幾歲的媽媽不再去美容院了。看到她長長的前髮覆額，我隨手拿了一支小朋友用的髮夾幫她把瀏海夾了起來。隔一日，媽媽跟我說：「夾起來很舒服，但是這個髮夾太可愛了，我不好意思用，去找一支大一點、適合我年齡的給我用吧！」雖應聲說好，我卻一時想不起該去哪一種店才能找到母親要的髮夾。巧的是兩天後，剛好經過一家招牌上寫著「髮飾專賣」的店，於是立刻停車，高高興興地走進店裡。

一進店家，看到琳琅滿目的陳列之後，我腦中浮起「大海撈針」四個字。最不浪費時間的方法，應該是去「問」吧！於是走往偌大店裡深處的櫃台。台前坐了一位年輕的孕婦，正因為看到的是孕婦，所以我自以為體貼地想著，只要問過後，她指點我一個方向，我就可以把東西拿到櫃台，不用她挺著便便大腹辛苦走動。沒想到，我們的對話一路坎坷，非常不快。

就在我一邊想一邊走向這位準媽媽面前時，這位女士開口問：「找什麼？」

我說：「我想買一支很簡單，沒有加裝飾的髮夾，要夾瀏海用的。」

她非常不溫和地反問我：「夾瀏海的夾子有很多種啊？你要的是ｘｘｘ、

xxx、xxx……」一口氣倒出來的全是我聽都沒聽過的髮飾專有名詞，澆得我一頭霧水，不知道該怎麼從其中去選一個最合適的名稱來說明自己的需要。於是我又解釋：「很抱歉，我不大認識髮夾的種類，不知道怎麼說它的名稱。你們的東西好多，可不可以請你告訴我大概在哪一排可以找到……」我在慚愧著浪費了別人時間又不想空手回去的心情中，竭盡自己所能地再說明一次。

沒想到得到的是比先前溝通更凶悍的回話，她說：「你連自己要的東西都說不清楚，我要怎麼告訴你，我們的東西這麼多，我要怎麼猜你到底要什麼……」

雖然她說得並非沒有道理，卻把話說得不近人情了。我是一個雖然不能清楚給予物品定名的客人，然而，我是一個懷著期待得到專業幫助、態度良好的客人。那一天，如果我有能被挑剔的地方，我想就是我要買的東西微小到不值得店家一顧。如果真是那樣，我也應該在第一次交談後就被告知，沒有這樣的東西或這家店根本不零售單品。

她的話語打冷了我很想幫母親帶回一支髮夾的心情，我既不想在如此不愉快的溝通下為一支髮夾而死纏爛打，也不想帶走那一刻我心中無比的難過，於是我對她說：「小姐，我知道你就要當媽媽。我想建議你改變你說話的方式，你要知道，你的孩子將來會問你比我現在更混亂不清的問題，如果你連現在的耐心沒有，你將來會很辛苦的。」

人與人之間的談話，不當的用詞和失卻的溫度會傷人，不當的關懷和虛假的糾纏會起疑心。直言並不是交談的忌諱，但每一個人終其一生都要審視自己直言的意圖與直言的禮貌。

在教導中，在教育上，直言是情義的必須，也是說話習慣的反省。父母講話應該注意的不是「甜蜜」而是「誠懇」；父母的自省，也不是用「罵不罵」來劃分溫不溫和的界線，該責備而不罵，是籌備下一個大錯最好的方法。能好好說話卻不好好說，就是意欲傷人的明證。

沒有安全就沒有一切

安全是人人極致的想望、最理想的生活，
沒有安全，幸福就是虛詞。
我想當一個極力保護孩子精神安全的長輩，
同時教會他們怎麼更小心地保護自己的安全，
並理解自己的小心對他人的安全是如何的有意義。

愛孩子的人總對安全有多方面的考慮，經驗愈長也愈能了解所謂「安全」是包含身心兩方面的安定與周全。心理的安全不比身體的安全來得具體可見，而身體的安全，也不僅僅是設施上的考慮而已。

現代父母更辛苦，他們不只要時時防範大環境中任何一個可能威脅孩子的「壞人」，還要忙著從專家們的提醒中去思考孩子在人際、性別、心態失衡時的問題。我就曾遇到，一個在小學書讀得好好的孩子，父母因為下一學年分班

之後，將面臨男生多過女生的狀況而決定轉學。那考慮中的隱憂，或因為遠慮而真的採取對家庭來說也不算小的變動，是我們過去當父母不曾想過，也不用如此憂心的問題。「安全」到底走到哪一步了，對於有心想分擔一點教養工作的我，以隔一代長輩的角度不得不深思。

無論在身體或精神上，這一代的教育比過去更講究安全的細節，在設施上也更周到；但孩子並沒有因為成人這樣的努力，而身處在一個相較安全的世界。除了社會人心改變，確實有很多詐騙經驗或不顧他人的行為，大大減低了生活中的安全感。除此之外，過度的提醒與設備，是不是也鈍化了大家對身體安全的反應？

在幾度深思安全的意義之後，我做了一個很簡單的結論：

精神安全的思考是成人最重要的責任，也該以此更細緻地教育孩子。

而環境的安全，既該從社會環境、成人努力中改善設備或行為，更該提升為孩子應學、可學的功課。

我看過孩子們太多「不安全」的行為，也在好幾把冷汗中陪伴過他們長大。每當我客觀地檢視孩子們有過任何不安全的行為時，沒有一件是找不到可以合理被解釋的理由：為了好玩、一時疏忽、他本來想……

不過，我認為唯一用得上的字眼只是「幸運」。

是「幸運」使「錯」沒有釀成「禍」；是「幸運」使「我很對不起」還能派得上用場。

然而，我不是一個僥倖者，所以，對孩子們的安全警覺教育，常懷掛念。

記得在一個旅行於威尼斯的黃昏，我對人們所處的環境安全有一種全然不同的認識。那是一個氣溫雖然不高，但海面反照的光亮刺眼，讓人更願意躲在巷弄或室內的一天。天黑前，整個威尼斯才涼了下來。洗走一天的疲累之後，到戶外去吹海風散步，就近的岸邊，有幾家不錯的餐廳，除了店裡的座位之外，岸邊也設有座位。海風吹著下垂的桌巾尖角輕舞，我在侍者的引導下坐在燭光搖曳，離海不到一尺的小圓桌上。浪聲伴奏著漸次遞暗的天光，我好奇地問那位正遞給我菜單酒譜的侍者說，離海這麼近，你們不擔心孩子不小心會掉下去嗎？他自己就站在一個我看著也不禁微微擔心的位置上，一邊幫我調整麵包盤、油醋、倒水，氣定神閒地笑著回答我說：「不擔心！威尼斯就是這樣。」

我想想自己的問題是很可笑，在威尼斯長大的孩子，幾曾在哪一段設防過的堤邊受保護著長大。他們照樣在離海不遠，漲潮時海水快與地齊高的陸地上，騎單輪車、跑步，在自己的環境條件下，學習如何保護自己的安全。

我回想起自己成長的年代，父母給我的安全教育「覺知」也是要知道危險，才安全。

所以，我也讓來到身邊的孩子們，在一起生活前先寫下一段話：

我知道我的生活可以更安全，因為我知道哪裡很危險，我也知道怎麼做可以避免危險。

對跟我生活在一起的孩子來說，什麼是危險？站在窗邊很危險、兩個人因為要好而要協力去燙一件衣服很危險、兩個人各拿一支鏟，同攪一個鍋很危險、關門太用力很危險、開關洗碗機不出聲提醒同學很危險、打破東西而不會處理很危險……身體會面臨的危險太多太多了。除非他們不要生活，否則，那簡單的三句話絕不會沒有用。

安全是人人極致的想望、最理想的生活，沒有安全，幸福就是虛詞。我想當一個極力保護孩子精神安全的長輩，同時教會他們怎麼更小心地保護自己的安全，並理解自己的小心對他人的安全是如何的有意義。

看重自己才能堅定教養

「老不修」與「老不朽」是邁向年歲時全然不同的兩種光景。要跟孩子們愉快的相處，除了以「修」來維持不那麼快的「朽」之外，自己看重自己的存在是最重要的。

我相信兩代同教一代孩子，眼光會完全交疊在「為孩子好」的那一刻。但以祖輩要教孩子，當然是不容易的。

除了身任教育重職的父母喜歡對孩子說自己受教育的缺失不利於教導之外，多數人對「老」也往往並不以「資深」給予正面的看重，而是以「衰退」的過時來解讀。「老不修」與「老不朽」是邁向年歲時全然不同的兩種光景，雖然眾望未必都望向德高者，但年漸老者至少不能先自卑。要跟孩子們愉快的相處，除了以「修」來維持不那麼快的「朽」之外，自己看重自己的存在是最重要的。

有一次，我跟孩子們相處的時候，他們做了一件很值得稱讚的事，我說他們很不錯，立刻有小朋友回應說：「我爺爺奶奶也是這樣說我的，他們說，他們會的事都是我教的。」我笑了，告訴孩子們說，他們是很不錯，但爺爺奶奶只是愛他們，為了鼓勵他們而這樣說，爺爺奶奶會的事還是很多很多，要認真跟著學。

知識是累進的，經驗也不是平白建立的，大部分的祖輩要教孩子，除了體能要應付如今比較受寵、精力無限的孩子可能有不足之處，在生活經驗上要帶領孫輩，一定是足足有餘的，只要父母把孩子教得夠尊重長輩、有一點體貼之心。

孩子是會耍賴，也會索愛的。我的一貫原則是：

絕不為求方便而無視於他們的言語耍賴或行為不規。

記得有一次，有個機靈古怪，長得很嬌小可愛的小女孩忽地坐上工作室書房的矮桌上，她洋洋得意盤腿坐在木桌上的樣子，不只很逗趣，也煽動了另一些孩子的調皮之心。我不能讓她可愛的模樣混亂了我當長輩的責任，雙手從腋窩架起那小傢伙離開桌子後，我只交代了一句話：

「在你還沒有成為一尊佛之前，不能坐在桌子上。」

而現代孩子受日常影響的對話習慣與玩笑的能力，也會是長輩在教導上需要看重自己的另一個原因，說不過他們，就不要選擇走他們無厘頭的路徑，孩子不怕曲徑，曲徑有時還真的通幽地走到他們自己要去的目的地，但我不用他們的方法跟他們競走，我走我年長應走的大道。

有一次，我要孩子們自己研究，學唱一首歌。有個孩子調皮地說：「我不行，我是音痴。」我立刻通知她：「到白板上去把『痴』字寫出來。」然後仔

細地跟他們拆解分析了這個字。我說：「看吧！痴字，是『病』部，這種病，是病在知。」然後我又問其他的小朋友：「我們要怎麼治一種在『知識上不懂得的病』？」我的問題才出，另一個孩子冷靜的聲音立起，簡單俐落、藥到病除，他說：「學！」

就這樣，我不用跟孩子「不像個長輩」似地抬槓，一首歌曲也順利學起來了。孩子有的是時間，大人卻知道時間寶貴，該幫他們決定的時候就決定，是權威，不是威權。

另一些我展現權威的時候，不是為「治亂」，而是因為美好的經驗不可不傳，更是因為珍惜孩子學習的成本。

記得有一次，幾個六年級的孩子們在切切弄弄忙了一下午之後，為我們布置了一張漂亮的餐桌，又慎重其事地端上深碗上有各種色彩明麗材料的韓式拌飯。我在他們先奉上我的餐食，要繼續為自己裝盛時，請大家先停一下，還是決定先打斷那非常美好的一刻，指點在擺盤上幾處可更注意的地方。

也許不少長輩在遇到這樣的情況之下，心情不免都會有一絲掙扎，想著：「已經這麼好了，除了鼓勵之外，還適合再說什麼嗎？」我的經驗是：孩子喜歡認真分享他們工作成果的長輩和友伴。只要是就事論事的分析，他們是真正高興的，這就跟我鼓勵大家看孩子們的功課，親筆給一點意見是一樣的結果。

努力工作的人，喜歡的是真誠的意見而不是敷衍的讚美。孩子因為還沒有受社會化應酬的汙染，所以比成人更敏感，更喜歡可以把事情做好的指導。所以，看重自己，就有機會可以愉快地進行隔代教養。

從隔代的角度結語隔代的叮嚀

再度跟小朋友相處共學，我的心情和四十幾歲時很不同。
我知道自己是從奶奶或外婆的角度來當老師，
而不是從老師的角度來當外婆或奶奶。
在教的過程中，「親」的成分提高了，「導」的方法更個別化，
我希望自己能更顧及孩子心中的感受。

當上父母雖然愛意全然，但跟開車上路一樣，難免有心靈觀察上的「死角」，所以當父母的階段很容易懊惱，因為懊惱源自於自知不該犯的失誤。

隔了一代，當我再帶著小朋友一起生活時，我覺得隔代教養中，阿公、阿嬤就像另一個更資深的父母，雖然資深，還是有「死角」的問題，難免有懊惱的時刻。只不過，過去的經歷會增強向前的勇氣，所以面對孩子的問題時，上一代或許相較穩定！

如今再度跟小朋友相處共學，我的心情和四十幾歲時很不同。我知道自己是從奶奶或外婆的角度來當老師，而不是從老師的角度來當外婆或奶奶。所以在教的過程中，「親」的成分提高了，「親」的成分一高，「導」的方法就會更個別化，我希望自己能更顧及孩子心中的感受。

顧及孩子的感受，並不是單純地順著他們的意願，使他們覺得一時舒服或非常受愛。相反的是，我變得更有勇氣能說：

「不，你不可以這樣！」

「不要說了，你不應該例外！」

「你不能老是談判，先把該做的工作做完，再問其他……」

這些話和口氣都是清楚的、堅定的，我不要孩子由於自己的幼稚遠離能力圈，失去可以發展的品行和可愛。

我經常想，為什麼自原始社會開始，人們就懂得思考教育孩子的準則，而我們今天卻仍然在這麼多小問題中徬徨？在生活小事中虛耗愛孩子的精力？

古籍中記載著舜任命夔為教育兒童的典樂官時，告訴他對待孩子要「直而溫，寬而厲，剛而無虐，簡而無傲」：用正直而溫和的態度跟孩子相處，設置的紀律要寬大但一定謹慎；糾正他們時要剛正，但不可以用長輩的霸與大，使孩子感受欺凌；對孩子講話要簡單，但不可以傲慢地冷落他們的問題。

這幾句話，對我來說太重要了。我每一覺得自己哪裡做得不夠好，就在忙過一天的疲倦中靜坐下來，期待因為自省而重新發現可以使孩子變得可愛的教育。

回看幾則記事，當我站在年長者的角度，在課堂或信件中和媽媽們討論教養問題時，有些話要出口並不容易。但人一年長，心裡自然有不同的期待，也因為有這些媽媽學生們和她們的孩子一起體諒年長的我，在認真學習中，至少免除了教育討論中常見的虛題，可以直言。

這些父母的好，使我確信只要站在保護孩子的單純角度上，年輕人不會見怪我急切卻無毀意的心得與建議。

另一種陪伴

開場白

一代，一代，又一代

「我願意奉獻自己的所知」，聽起來雖然像是有成就的人才會說的話，但這句話對我來說不是演說詞，而是自己受過的指導、責備和讚賞中的熱情。

陪伴著我長大的長輩，絕大多數沒有機會上台演說，或發表文字來表述自己多麼願意把經驗往下傳。他們只能以各種各樣、以眼前的生活條件、用自己所熟悉的方式去實踐受教的經驗，完成「我願意奉獻出自己的所知」那份熱忱。這熱忱如今在我身上轉變成教導孩子的一股力量。

我知道熱情並非教育或生活中所向無敵的利器，苦口婆心說經驗道理，不如挽起袖子教孩子工作，或拿起筆教他們讀書寫字。所以我把「貢獻自己所能」變成日常行動。

不一樣的陪伴與溝通

我透過功課，與孩子和他們的父母，以孩子的作業為題進行了一種教養溝通。看著孩子們的作業，寫上自己懂得的指正，或給他們求知的建議，表達關懷，那是我相信小朋友們完全可以理解，並有能力回應的愛。

因為當過孩子，所以我常以自己童年時的心情來設想孩子們所需要的關懷。

有時不免會想，如果教育不那麼商業化、不過分強調心理影響，父母愛孩子、祖父母愛孫兒是不是會更容易一些，大家在選擇表達愛意的方式上也可能更簡單。

回想五十幾年前，從當一個小學生開始一直到離開大學，我是多麼的喜歡每一位老師關心我所做的功課。所以，如今每個早起的清晨，只要時間允許，我就看孩子們上傳的作業，用心批改他們的字與文。在東方才白，極為安靜的早晨，我透過功課，與一定還在沉睡的孩子，和他們或已起床的父母，靜靜地以作業為題，進行了一種教養溝通。

能表達自己的關心是難以言喻的享受，因為所有的愛都需要有個實際的介面來傳達心靈的感受。我改了作業，孩子們又根據我的建議再用功一步，我們之間以行動代替語言說出：我關心你，也謝謝你！

時代因為匆匆而磨蝕的情感或改變的表達方式，有時讓人驚訝無言。有一天，我讀到一位母親傳來七年級孩子的作文，說孩子想聽聽我的意見。認真展讀一個十三歲孩子對閱讀啟思的想法是一件很有趣的事。她的文章寫得很好，但老師改文章的方式，我認為不好。那位老師透過一個表格，在分項各有十個左右的評語中，勾選他看一篇文章的感想。

表格的分項優點如：切合主題、立論平實、感情深刻等等；缺點如：審題不明、偏離主題、論述沒有重點、論述不夠深入等等。我很訝異批改文字學習的工作，十幾年一過，變成這種模式。

我看著表格，想的是：一個這樣的好孩子寫了一篇好文章，難道不值得老師親筆寫下一兩句建議嗎？就算老師面對的是一份文字一塌糊塗，內容乏善可陳的作文，水準足以包辦總評中所有缺點的選項：結構鬆散、文詞不當、太多短句、敘事瑣碎，無結論……拿到這樣一份勾選單的孩子，能懂得進步的建議嗎？

像我這樣年長的人，不能再進入無止無休的論辯中，但我能看著孩子們的作業，寫上自己懂得的指正，或給他們求知的建議，表達關懷，那也是我相信小朋友們完全可以理解，並有能力回應的愛。

就在我看完那篇勾選項目中含：切合主題、善於論述、取材恰當、結論

妙、文氣順暢、敘事流暢的文章之後，我寫下自己對同一篇文章的一點意見：

我覺得子儀這篇寫得很好！只有一個地方感覺不夠嚴謹，因為書的語言有些平凡、有些深奧奇難，所以，一般概述就不能這樣說：「雖然書是一些簡單的文字，但是……」而應該這樣寫：「儘管有些書中的文字平凡無奇，但是……」

另：「啟明」和「指明」是有些微不同的。啟字有主動介入的行為，所以在教育上才會用啟明、啟聰、啟示。你想要用天上的明星引喻指引，啟明不算最好。

其他沒有什麼建議。至於常用同音錯字的問題，子儀每次下筆都要提醒自己分辨出正確用字。

幫助孩子喜歡讀書

大人只要不曲解或窄化「努力」之於讀書的意義，
孩子自然更有機會變成把書讀好的人。
請所有的父母或祖輩們，努力幫助孩子變成一個喜歡讀書的孩子。
讓他們不只是書籍故事的瀏覽者，而是一個真正用功的讀書人。

幫助孩子從經驗中體會當一個「會讀書」的人，是一件做得到的事，也是無價的禮物。但是，人要真正會讀書，不管怎麼說都必得有：想努力的心情與夠努力的實踐。大人只要不曲解或窄化「努力」之於讀書的意義，孩子自然更有機會變成把書讀好的人。

被灌輸「讀書有什麼用」、「讀書又不是唯一出路」的孩子很可憐。因為他們如果不是從小就以此為不想用功的藉口，也許可以成為一個更快樂，過起心靈更豐富的生活。

有些孩子之所以從小不喜歡讀書，是因為讀書遇到困難時，沒有大人在身邊耐心的指導。所以，讀書這件事的基本意義是：認識世界。孩子無須對「會讀書」有一種莫名的敵意，或對於上哪些名校有不正確的崇拜；人人都可以成為愛讀書和會讀書的人。

在我教過這麼多不同年齡的孩子之後，我會說：只要夠勤勞，不期待抄小路的孩子，就一定一年比一年更會讀書。這些年，我看著不少孩子因為疏懶和身邊大人的過度安慰而阻礙了可能的進步，拉開了跟同學之間的程度距離。也看到另一些孩子在提醒和引導之下，一日一月逐步踏實地建立起自己讀書的信心，他們在接受指導下，慢慢形成自己的讀書方法，放眼於進步之途，讓人感到非常的欣慰。

我喜歡帶孩子讀書，除了知識本身之外，另一層快樂是眼看孩子專注於一事的欣慰。在這個訊息快速、形式紛亂的時代，孩子拿著一頁文本，好好聽講，聽講之後又努力記憶，使知識變成自己的一份資產，那份單純怎麼會不快樂？講起書來又怎麼會不熱情？

我的母親曾見過幾個跟我學習的小朋友，她很讚賞地說：「你那些孩子們怎麼個個都長得那麼好！」是的，的確無論男女，小朋友們都很可愛。

他們古靈精怪的表情我見過，敏捷好動的樣子我常看，楚楚可憐的樣子也看過；但最美、最美的模樣，不知他們的父母常不常在家看到，那是孩子認認真真地讀著書的模樣。無論習字、背誦、寫作或閱讀，在我眼中，孩子是真正無憂無懼。因為，不懂可以查、可以問，懂了可以分享、可以討論。

我想要請所有的父母或祖輩們，努力幫助孩子變成一個喜歡讀書的孩子。讓他們不只是書籍故事的瀏覽者，而是一個真正用功的讀書人。

讀書天地寬，讀書日月長。

不會白費的努力，不是白流的眼淚

跨過失望的小低谷，
採取更積極的方法來幫助正在揣摩學習精神和態度的孩子。
那母親的眼淚並沒有白流，
努力的花開在孩子領悟於心的行文落筆間。

從出書的十三年前開始到現在，曾經有不少讀者或家長在我眼前流淚，雖然我總是能同感於她們疲倦了或擔憂的心情，但從來沒有過一張流淚的臉，使我感到如此難過，因為我相信那潸潸而下的淚，是我引起的。在過了好幾個月後，我才不再自責，因為那母親的淚並沒有白流，我看到她在我想像得到的難過之後，鼓起勇氣所做的努力，開了花。如果不斷持續下去，未來會結出更好的果子。努力，是永遠都不會白費的。

因為相信努力總不會白費，所以不只是我對孩子實際的施教，更期待父母能落實關懷孩子的功課。也的確有那麼多的家長，不只自己認真讀起書了，更不辭辛苦接送孩子到我的教室裡來。孩子們上課的半天或一天，家長即使坐在咖啡廳裡，也未必有偷得浮生半日閒的心情。所以，對我來說，把孩子教好是唯一但複雜的責任。

所謂的複雜，是因為課堂時間結束的一刻，我除了應該檢視學生是否掌握知識與經驗，更要客觀地分析他們的學習態度。聰明的孩子與聰明又珍惜學習資源的孩子，是不一樣的。如果孩子上課的態度不對，或行為過分了，就算他們能把所教的內容學會，我也不能不指出態度被修正的必要，因為修正了行為最能直接影響學習的進步。

那一天就是因為我直言孩子上課的紀律，分析了他不夠珍惜父母的心意，才引起那位特地帶著孩子從北南下的母親忍不住流下失望的清淚。他們母子離

隔代不隔愛
不會白費的努力，
不是白流的眼淚

開的背影映在我一樣難過的心上，不知道此去，一番忍痛的反省能不能夠單純地只化為下一步的關心與輔導，還是會演變為失望與責備？

日子一天天過去，我本猜想，也許這位母親會取消她自己原本報名的課程，但上課日，我看到她一如往常地認真寫筆記、操作、提問。我放心了，知道她不只跨過失望的小低谷，也一定會採取更積極的方法來幫助正在揣摩學習精神，磨練學習態度的孩子。

又過幾天，孩子在家做的功課上傳到群組了，從筆跡到內容，一眼看得出程度上的躍進。我高興地看了又看，對一個資質與基礎都好的一年級孩子來說，能在父母的輔導下修正自己的學習態度，提出可觀的內容與美觀的成果，意義有多重大?!

愛河邊那一日黯然離去的身影，就在孩子每隔幾日就傳來的功課中，改變了我的印象，重新塗刷上希望的色彩。

努力，從來就不會白費的！撫慰著父母辛苦的花朵，已開在眼前孩子領悟於心的穩定落筆裡。

我很珍惜一個一年級的孩子，在挨過我罵的幾個月之後，以認真的筆跡寫給我的幾句話：

Bubu 老師：

我愈來愈喜歡寫字了。

他的那幾句話，開啟的不只是自己的學習展望，還為更多母親打下親子共學的信心。

我很想告訴他，因為有這樣努力的學生，我也愈來愈喜歡教小朋友。

請善用這些資料

教與學，無論是師生或親子，最可觀的是真實。
這些內容因為長久發生在我與孩子的學習中，
說明的是跨越兩代關心的文字教育實踐，
只要用更好奇的心看看內容，或許會產生多重的意義。

我通常五、六點之間起床盥洗後讀書，有時先看孩子們上傳的作業。清晨看功課所得的感悟與愉快，並不比讀自己想讀的書來得淺或少，原因不在內容，而在能看見成長的希望。除了希望之外，確認有孩子願意承接知識經驗時，傳者總願意在心思中翻箱倒篋，那是一種極大的樂趣。

我以生活教學為開始，卻慢慢發現孩子對生活的認識基礎不足，他們應該更早知道文字是因為生活的需要而產生的，所以我自願請父母把孩子的功課傳

隔代不隔愛
請善用這些資料

給我，讓我有空時多看他們的習作，不錯過任何幫助他們的機會。

孩子們現在做功課的心態與方法，有各方面的浪費，如果不是這樣貼近地教了又教，看到可改而不改的機會，有些話根本是說不出口的。

言教不只需要教的人有心、聽的人樂意，還需要一起學習的實際經驗。少了這種相處，勇氣無處可依，往往不能建構在一種心理的健康之上，令雙方都不分心地用心於內容。

•

我喜歡從生活經驗中教孩子讀書寫字，說文講生活，只因為可以更簡單地跟基本功待加強的孩子說：請你們寫筆記的時候，不要在一段文字中用三、四種顏色，因為，那是屬於幼兒園美勞的工作。

這幾年來，孩子們的筆袋愈變愈大，筆袋中有一堆色筆，他們從挑選筆到費心換就花掉好多時間。一個句子有時候是五彩的，寫了幾個句子，還要再畫上許多無關的裝飾小插圖。光是那樣的分心，早已遠離學習的內容。

我告訴孩子：筆記是為了把知識搬到腦中，不是為了寫成五顏六色的本子。他們或許覺得我太嚴肅、不夠有趣，但我並不沮喪，因為我也正準備用另一種角度教他們更有趣的事。

我不要孩子浪費自己的時間，不要他們謄清自己的筆記。有時候想想，自己夠幸運，在想開口說這樣的話之前，家中還有兩個語言與繪畫算是有根基的孩子，所以我能，也想對他們說：

把時間用來研究眼前的功課，不要以美工的精力去做作業。

在課堂上仔細聽、認真想。回家重整文段時，不要抄家中書本的語譯。要自己從筆記與聽講的回想中，試著寫出意思，這樣才不會浪費自己的聰明。

我的能力雖然有限，但對孩子來說，終歸也是一種啟發。因為跟孩子彼此有了信任，我才有機會直接地跟一個不再積極的孩子說：

要找回你的精神。

跟過度求好心切的孩子說：

不要只求視覺美麗，別再重寫了。

能跟孩子坦然說出心中的憂慮與建議，對自己能當一個大長輩太重要了！

放在此輯後半部的內容，就是我每天清晨改孩子們作業的實例。雖然是針對某個孩子所寫的不足、錯解、誤寫而給的建議，但因為作業建議是開放給所有的家長，因此我也鼓勵媽媽們仔細看，做為教自己孩子的資料，有機會就跟孩子討論。

家長們告訴我，這樣孩子學了不少事，她們自己也覺得很有趣，親子之間又增加一種美好相處的可能。

教與學，在學校是師生，在家是親子。無論是師生或親子，最可觀的是真實。這些內容因為長久發生在我與孩子的學習中，說明的是跨越兩代關心的文字教育實踐，相信對某些讀者必然有用。只要用更好奇的心看看內容，或許會產生多重的意義。

跟我一起學習的孩子們從學齡前一直到七、八年級。孩子們又來自不同的學校、不同的家庭，因而同一個年齡所展現的各種語文程度各不相同。程度雖然不同，但我對孩子們的期望卻一樣。這就如家庭中的祖輩對自己好幾個孩子所生的子女，不可能不懷抱同樣的愛意一樣。我們不比一時的好壞與高低，也不受年齡、年級的狹窄定義所限制。彼此幫助、互相鼓勵，必要時，我也會邀集他們的父母，或以連線討論，針對孩子們的學習問題，可增進的能力，一起討論方法，提供我的觀察與建議。

以下是我把孩子們的語文學習分為四個大項的共學分享。有我所批改的作業或考試，有興趣的家長們可以研究作業中的意義，希望也能提供樂意隔代陪孩子學習的讀者們一點幫助。

寫字

在我看來，要求孩子把字寫得整齊端正是絕對必要的。我希望他們因為用心而有整齊端正的作品，而不是要孩子們額外去上書法課。他們實在是夠忙的了，似乎有上不完的課，而寫字這件事每天要做，只要定下心，就可以在自己的要求下做到水準以上。

我常跟孩子們說，一個字就是一棟建築物，無論哪一國的文字都講究美，而基礎的美必然有平衡穩重感，所以他們要把這樣的美感放在心上。事實上，字是用心而寫得美的，不只是因為多寫就能練出來的能力。一個不把眼睛盯在紙上、不把心放在筆畫的移動，感受自己可以營造空間的孩子，不可能快樂地寫出好字，那絕不是課程的問題，而是受到提醒之後，每一次下筆時的慎重態度。

就以態度來說，寫字跟日常生活裡的工作態度息息相關。我曾經罰過一個孩子寫五次這句話：「我要改掉我的壞習慣，東西不要用丟的。」

當他寫完這句話之後，我在他的紙上也寫下了對他這個習慣影響的意見：「你也要改掉在格子裡亂丟筆畫的壞習慣。只要好好控制你的筆畫，像好好放東西那樣安排筆畫，你的字就會比現在整齊漂亮很多。」

現代孩子的生活匆匆忙忙，「趕」跟「搶」是他們的生活常態。不少孩子初到我身邊時，動作非常粗魯。好心的大人常用「隨性」來取代對粗魯的評語，但是那些隨性的動作卻同時製造出噪音和混亂，確實粗魯，如果不說，就等於剝奪了他們受教的權利。

同樣的態度用來寫字，結果也是混亂和草率。在我的課堂裡，我不准孩子

使用橡皮擦，我告訴他們：養成想好了再寫的習慣，不要因為有橡皮擦就不怕寫錯。

長期觀察孩子們寫功課，發現只要有一塊橡皮擦在手上，不多久就出現一片橡皮擦屑。他們往往在沒有足夠的心情準備之下就寫作業，這不只虛耗時間，也建立錯誤的習慣。

我跟孩子們說，也不要在寫錯的字上花時間塗色塊。還跟他們做了一個實驗，證實用來塗黑一個錯字的筆畫可以寫一到兩個字。孩子們應該被教導哪些事是不值得花費的時間，這是時間管理的一課。

除了寫字的態度之外，我也鼓勵記憶筆順。有些孩子喜歡在筆順上耍聰明，故意左一畫、右一點，該上先下，天外一筆的自由自在，我當然可以了解那當中的「酷」跟「好玩」。但對故意耍酷的孩子，我不讚美那種沾沾自喜的伶俐，因為這種讚美只會使他們未來要花更多時間去零亂地、不利用經驗地一一記憶新字。

我每一次仔細拆解字、分析字，耐心為孩子們講字的心意，就是為了節省他們未來學習新字的時間。事實證明是很有效的，可以說這兩年來雖然不是經常地上課，但孩子們只要願意接受指導，他們所達到的不只是把字寫得更整齊，也在一個又一個字的用心當中得到了訓練。

例子中，有些是對長期草率寫、囫圇記的糾正。有些是對低年級卻已穩穩向前的引導。無論是哪一種情況，最快樂的事是，我不用為討好孩子而苦思笑話、閒談拉雜，我們總有話可說。

峻毅：你很聰明，我知道你一定會喜歡。像現在這樣認真讀寫，上二年級前，程度一定非常好。

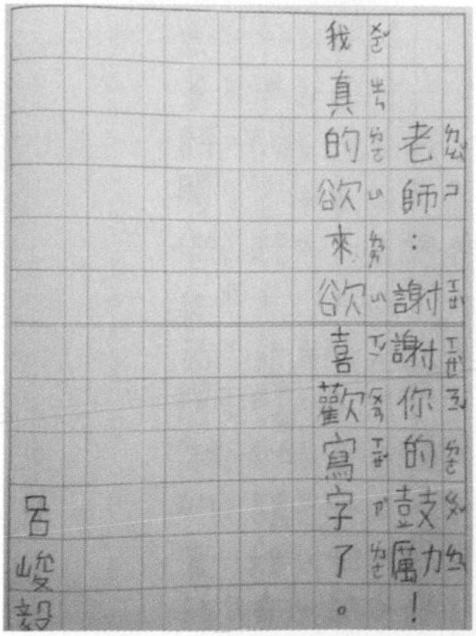

峻毅：痰的注音再看一次，沒加聲符。

刻，可以再學一個成語：刻舟求劍。

請媽媽把故事說給你聽。

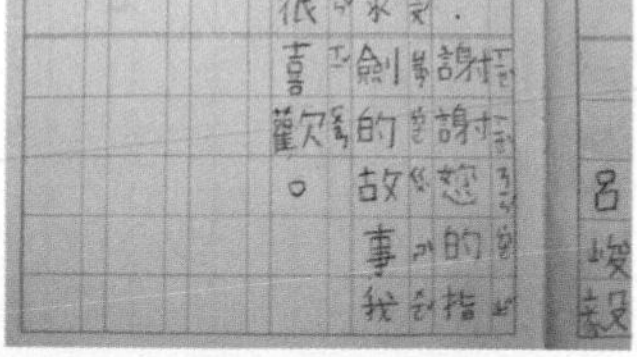

靖揚：

1你現在這樣每天繼續寫、記，很快可以掌握五年級至少要熟悉的兩千五百字。這一天錯的字，隔天一定要再複習，加強記憶。也要再加上延伸，比如說：因為寫了駱駝，就把沙漠中的動物查一下，這樣至少可以再熟悉另一些名詞。或可以因為寫了拋球，再想一些運動或遊戲的名稱。

2不確定的字，不要含糊帶過，不弄清楚，造成多種不同的印象，徒增自己的麻煩。研究你寫的那個「蒸」字。

暴風半徑的「暴」字寫的時候，心裡要了解最下面是「米」字的符號化，不是「水」，所以寫成四個不同的點更有意思。

愛甯：

「隱」這個字的聲符「㥯」有點複雜，但每個部件都很重要，組合起來是「謹慎」的意思。有：爪、工、手、心。要目清手到，規矩從事才能掌握得住，要目巧手巧才是工，有工才會悉。

「隱」的意思是「蔽」：因為遮到了，所以見小而不全。這首詩中，橋因為野煙而看不清，是自然環境的現象帶給人視覺的印象。但另一種「隱」的用法，是人，主動的、刻意的造成狀況的不清，也就是我們所說的「隱瞞」。

《論語．述而》中有一則就有這個用法。孔子對學生說：「二三子，以我為隱乎，吾無隱乎爾。吾無行而不與二三子者，是丘也！」

宇凱：

「春江花朝秋月夜」是白居易的原文。朝與夜之前，各有景象合理的描繪。你寫的是「秋夜月」，那跟「早上」相對的是「月亮」了。詞性上雖然也不是錯，但指稱的環境因此而少了平衡了。

研究看看，這就是修辭學講究的切入。

而「住近溢江地低濕」你寫成「地底濕」，這裡的問題不是修辭，而是地理位置的確認了。

宇凱也再想想。

另，酒、酋、湇、酉，四字各造幾詞，也許可以幫助自己認字別義。

修辭

這幾年，家長常常拿著考卷問我一些孩子們答錯的國語科問題，那些試題，在我看來很有威力，也很可笑。

威力在於，試題足以退卻家長原可輔導孩子的信心；可笑的是，如果不是以題庫操練過，我相信不少老師或家長也不能正確作答。更不要說，試題當中有不少模稜兩可的問話。

我不了解為什麼這些年來，小學生試題中修辭題的比例愈來愈高？

生活中，我們一方面允許孩子們把話說得歪七扭八，誇張離題；另一方面卻在語言初學者的階段，以極高的門檻、專精的角度來測驗他們的修辭能力。

「修辭立其誠」是兩千多年前《易經》中的話。把自己說的話調整到對方能準確地了解意思，或在某一種希望之下，說到引起聽的人、讀的人有同情共感就是我們每個人、每一天都在做的事。不需要這樣鑽往牛角尖、處心積慮地用相似的答案來布局考孩子。那些題目沒有使他們的修辭能力進步，但很成功地使他們多疑多慮。

我確定每個孩子都會修辭。

前不久，我在餐桌上聽到孩子們的一段談話，就深刻地見識到他們有消極與積極修辭的能力。那種能力，考題要怎麼樣設計才能見識到，或得知需要被修正的不足？

那一晚，在晚餐的閒聊中，有個孩子描述了她的親人因為同時罹患不同疾病，如何受盡折磨而離世。說的孩子絮絮叨叨、情感豐沛，但聽的孩子事不關己、漸有不耐，就在一方盡力要把自己所知的語詞全部運用出來，突破修辭中表述的限制，達到積極修辭技巧的引發同感時，另一個孩子很理性地用了兩個字幫她做了總結：「不治。」不一會兒，另一個孩子一本正經地說：真是一個感人的故事。她一說完，大家就笑了。

就在那晚餐輕鬆的餐桌上，和他們相差五十歲的我，面對的是一片修辭學的實際。

婉轉訴說，如歌如詩是修辭；條理分明，言簡意賅是修辭。

因為受不了長篇大論而發出的反諷也是修辭，而另一些孩子的笑聲，還是

一種不藉文字卻運用聲音的修辭學！

我常想：孩子們如果每天的對話有人適時提醒一下，該與不該、過不過分、怎麼說更好，是不是比考這些大人自己都答不了的題目更好？

孔子說得很清楚：辭達而已矣！情近乎辭、盡乎辭，或辭溢乎情，正是我們每一個人在生活中藉著相處、模仿、閱讀和寫作自然加強的能力。帶著孩子好好讀書，仔細地改他們寫下的字句，分析讀來的一篇好文章，又像王德爾所說：「每天說幾句合情合理的話。」一定比任何冷僻的修辭試題對孩子來說都更有養分。

例如：相差五十多歲，現在小朋友唱的歌對我來說很陌生，我老了，學他們的歌唱不來，只好以自己會的來教孩子，試試我們的相處是否有機會以老素材跨代溝。

奇妙的是，本來以為或許得費心試上幾回的歌，曲曲孩子們都一聽就喜歡。電影也一樣，連簡簡陋陋投影在牆上給他們看凌波主演的《梁祝》，好幾個孩子看到偷偷擦淚。

我還跟孩子們一起唱了四十年前，母親帶我去聽聲樂家姜成濤的演唱會後我因此學會的〈在銀色月光下〉。

在那金色沙灘上，灑著銀白月光。
尋找往事蹤影，往事蹤影迷茫；
尋找往事蹤影，往事蹤影迷茫。

往事蹤影已迷茫，有如幻夢一樣，
你在何處躲藏，久別離的姑娘？
你在何處躲藏，久別離的姑娘。

每一首久留的歌詞，如果讓語言學家分析起來，都會有很多材料、意境、詞語、章句上的修辭學問。但面對等待好經驗充實著各自成長的孩子來說，為什麼需要著力討論修辭的分析，而不先討論金色、銀色、沙灘、月光之所以引發一位作詞者如此描述的各種感官經驗，與化為文字時合理的邏輯安排。那些經驗不但是作者聯想力所及，也是語文可表述的境界。所以我喜歡跟孩子們討論修辭的問題，但我不想要他們以為：修辭學是為考試而存在。

無論詩歌、文章、電影，一旦建立彼此共同的喜歡，就有可能一起研究更深刻的修辭。我經常也跟九十幾歲的媽媽問東問西，討論台語的說法，日文漢字的用法，原因是自知與母親相差三十幾年的生活經驗，不一定是我這個自稱頗為用功的人能從語言文字中學到的，所以，要問、要教。而如果能從我已有的經驗、所知的文字知識中發現更多的意義，我就很想告訴孩子。

不一定每一個孩子對我所講的都感到興趣，但當了長輩，就會有長輩的天真。只要有一對眼睛閃出好奇的光芒、發出渴望而不是挑戰的問題，我相信所有的年長者都樂意傾所知、盡全力。

語文素養

跟孩子們日夜相處的人，最能了解他們的精神營養目前處於何種狀況。單以說話或寫作來說，我見到的是孩子最擅長諧音，而諧音中愈是不雅的字詞，他們愈是有聯想力，也總能牢牢記住。這一點，播下我的決心與信心：

1 孩子們需要讀更好的文章以肥沃他們思想和見識的土壤。

2 孩子們有能力可以記得夠難的內容。

第一次有機會聽孩子們說笑話時，我真的噴飯捧腹了。那些腦筋急轉彎揉和的生活經驗，全在我的想像之外，把我考倒在地。例如：

為什麼超人要穿緊身衣？

答案是：救人要緊。

一隻羊一隻鹿一隻狗進超商，為什麼只有羊沒受傷？

答案是：7-11全年不打烊。

打獵的時候什麼動物最容易被殺？

答案：鹿（因為路易莎）。

糖是公的還是母的？

答案是：母的，因為糖會生螞蟻。

我很訝異，孩子記一首詩這麼費勁，腦中卻可以放下這麼多取材類似的笑話，這給了我一個最好的提醒，他們有的是記憶的空間與能力。

雖然孩子們的問題幾乎百分之百我答錯或答不上，但沒有被他們這種說笑的能力嚇倒，因為耐心多聽幾則之後，就發現了他們多數的內容都反覆在一種排列跟邏輯當中。身為大人的我之所以很快不再覺得好笑，只是對換湯卻不換藥的語言格式生膩了，孩子們的笑話也不是因為俚或俗使我覺得失去興趣，主要是內容貧乏。

俚俗是生活的肌理，排擠俚俗只是沒有好好生活的結果，但大捧俚俗也不正確，尤其為教學的方便刻意營造的不雅笑話對孩子來說更不好。

就如小朋友告訴我，從台語老師那裡學來的「鳥」字笑話，如果以趣味學習為由，有意或無知的利用鳥字與台語生殖器俗稱的諧音，這不是把台語置放於一種未能從俚俗上升為文學的尷尬中嗎？也看不出這對孩子學台語有任何好處？

真正需要生活經驗做為背景知識才能理解的笑話，孩子往往是聽不懂的，所以才特別喜歡文字裡的諧音形成的笑料。他們喜歡的，無寧說是一種熱鬧成一團的歡樂氣氛。所以，我相信只要有足夠的歡樂氣氛，孩子們也能順利地吸收好的語文養分。

我曾經跟孩子們讀過不少的好文章，主要都以文言文而不以白話文為主。短而精美的古文，無論是詩、詞或散文，孩子都接受得很好，這也是他們日常中比較缺乏的一種語文營養素。

以下舉的例子，每篇當時都是為了某種目的，比如：為了讓孩子們了解「知錯能改」、為了講同理心等而帶著他們讀的。我希望能因此引發他們學習的熱情，再添更深入的引導。

【為了了解「知錯能改」而讀的】

知悼子卒，未葬，平公飲酒，師曠、李調侍，鼓鐘。杜蕢自外來，聞鐘聲，曰：「安在？」曰：「在寢。」

杜蕢入寢，歷階而升，酌曰：「曠飲斯！」又酌曰：「調飲斯！」又酌，堂上北面坐飲之。降，趨而出。

平公呼而進之，曰：「曩者爾心或開予，是以不與爾言。爾飲曠，何也？」

曰：「子卯不樂。知悼子在堂，斯其為子卯也大矣！曠也，太師也。不以詔，是以飲之也。」

「爾飲調，何也？」曰：「調也，君之褻臣也。為一飲一食忘君之疾，是以飲之也。」

「爾飲，何也？」曰：「蕢也，宰夫也，非刀匕是共，又敢與知防，是以飲之也。」

平公曰：「寡人亦有過焉，酌而飲寡人。」杜蕢洗而揚觶。公謂侍者曰：「如我死，則必毋廢斯爵！」

至於今，既畢獻，斯揚觶，謂之「杜舉」。（《禮記‧檀弓》）

【延伸對師曠的認識，也藉此了解兩千多年前人們對「活到老，學到老」的記錄與分析】

晉平公問於師曠曰：「吾年七十，欲學，恐已暮矣。」

師曠曰：「何不炳燭乎？」

平公曰：「安有為人臣而戲其君乎？」

師曠曰：「盲臣安敢戲其君乎？臣聞之：少而好學，如日出之陽；壯而好學，如日中之光；老而好學，如炳燭之明。炳燭之明，孰與昧行乎？」

平公曰：「善哉！」（《說苑‧建本》）

【為了講同理心而讀】

楊朱之弟布。衣素衣而出，天雨，解素衣，衣緇衣而反。其狗不知，迎而吠之。楊布怒，將擊之。楊朱曰：「子無擊也！子亦猶是也，曩者使汝狗白而往，黑而來，子豈能無怪哉？」（《列子．說符》）

【為了教導孩子們日常講話不要沒有禮貌地使用代名詞而讀】

武帝問孫皓：「聞南人好作〈爾汝歌〉，頗能為不？」皓正飲酒，因舉觴勸帝而言曰：「昔與汝為鄰，成與汝為臣，上汝一杯酒，令汝萬壽春。」帝悔之。（《世說新語．排調》）

【為了幫助孩子們了解專心的美而讀】

王大將軍年少時，舊有田舍名，語音亦楚。武帝喚時賢共言伎藝事，人人皆多有所知，唯王都無所關，意色殊惡，自言知打鼓吹，帝即令取鼓與之。於坐振袖而起，揚槌奮擊，音節諧節，神氣豪上，旁若無人，舉坐嘆其雄爽。（《世說新語．豪爽》）

考試

除了供給孩子們語文成長所需要的養分之外，當然一個有心的栽培者一定會在必要的時候檢視自己所給的養分是不是都被吸收了。考試既是為了檢查孩子有沒有學成，也在檢討自己的教學方法和素材是不是都正確。

在認真教，耐心陪伴之後，我就喜歡考孩子。無論筆試或口試，我相信出考題是一個長輩或老師最能滿足教導熱情、最能發揮創意的工作。

比起一份文字試題，我更喜歡口試孩子，雖然口試就得花費更多時間，一個一個孩子地問，但所花的時間終歸都是非常值得的，因為一場口試就像跟孩子進行一次有目標的談話，既可考核知識的吸收，又可以立即進行語言表達方式的修正。我也常在孩子回答的分秒遲疑或搶先中，看到他們的根本問題，找到自己可以切入指導的機會，那是筆試所見不到的盲點。

習慣以題目操練學習的孩子，未必能夠在同樣的範圍之內把另一種試題考好。考試的意義絕不在於分數高低，而在於透過不同的檢視方法幫助自己的學習應該更踏實，如果能發現自己不應該以題目的演練來進行學習，那考壞了也會有收穫。

每次當我教完一份內容，交代孩子們自己好好熟習，等會我要考試。孩子

們總會習慣性地大聲問我：

會考～嗎？要考～嗎？

我從不理會他們這些問題，只給一個堅定的真實答案：

做最好的準備就不用怕我考什麼了！

慢慢地，孩子們習慣了不要在考試這件事情上跟我討價還價，因為我絕不會用打折來博取他們的歡呼，我但願他們的歡呼是留給努力準備考試之後對自己的讚美。

別武斷地說所有的孩子都不喜歡考試或怕考試，我曾看過十幾個小一小二的孩子，不肯放過我，要我繼續出題，打算奮戰到底的勇氣與不撓。我也一次又一次地看著在真心陪伴下，湧現學習熱情的孩子如何聚精會神地迎接考試。他們以竭盡所能的筆畫或口說來表達自己的盡心盡力，回應自己對學習內容的深入與喜愛。

以下的幾份試題可以供讀者參考，當孩子讀完一首詩，做好準備之後，他們以筆答接受我給的考試。從聽題目到組織答案都是我的「試」，而所試的內容並未離開我所教的範圍，因此，它正是我告訴孩子們「考」的意思。

例一：小朋友背完李白詩後的考試

吳地桑葉綠，吳蠶已三眠。我家寄東魯，誰種龜陰田。
春事已不及，江行復茫然。南風吹歸心，飛墮酒樓前。
樓東一株桃，枝葉拂青煙。此樹我所種，別來向三年。
桃今與樓齊，我行尚未旋。嬌女字平陽，折花倚桃邊。
折花不見我，淚下如流泉。小兒名伯禽，與姐亦齊肩。
雙行桃樹下，撫背復誰憐。念此失次第，肝腸日憂煎。
裂素寫遠意，因之汶陽川。

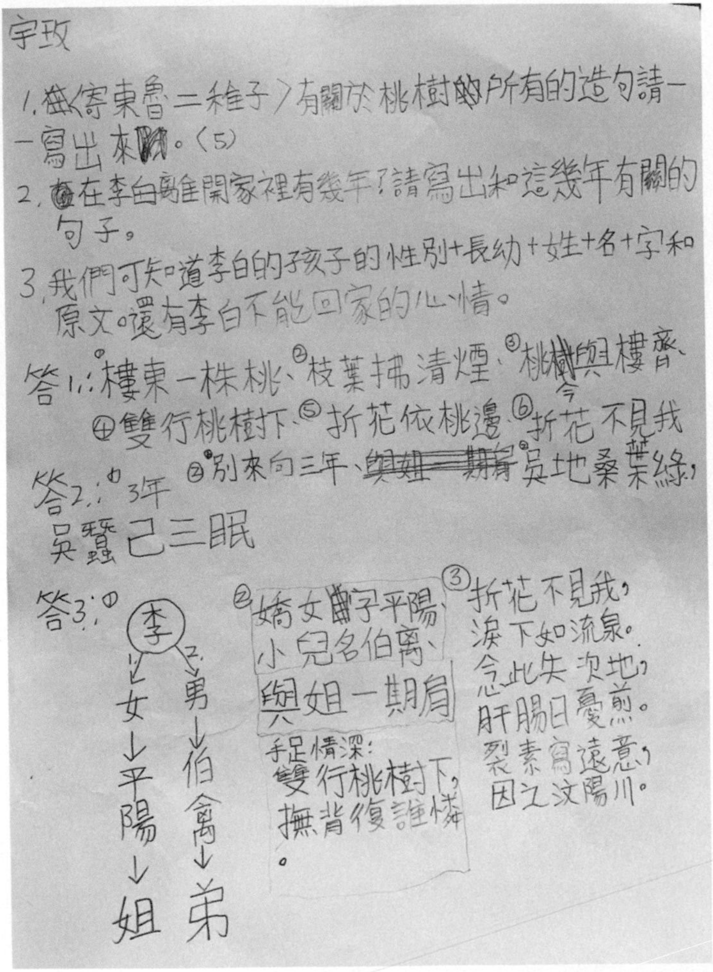
宇玫

1. 在〈寄東魯二稚子〉有關於桃樹的所有的造句請一一寫出來。(5)
2. 在李白離開家裡有幾年？請寫出和這幾年有關的句子。
3. 我們可知道李白的孩子的性別+長幼+姓+名+字和原文，還有李白不能回家的心情。

答1：①樓東一株桃、②枝葉拂清煙、③桃今與樓齊、④雙行桃樹下、⑤折花依桃邊、⑥折花不見我

答2：①3年 ②別來向三年、~~與姐一期肩~~吳地桑葉綠，吳蠶已三眠

答3：①
李
1. 女 ↓ 平陽 ↓ 姐
2. 男 ↓ 伯禽 ↓ 弟

② 嬌女字平陽、小兒名伯禽、與姐一期肩
手足情深：雙行桃樹下，撫背復誰憐。

③ 折花不見我，淚下如流泉。念此失次地，肝腸日憂煎。裂素寫遠意，因之汶陽川。

考題：

例二：升小四小朋友背完詩後的答卷

孟夏草木長，繞屋樹扶疏。眾鳥欣有託，吾亦愛吾廬。
既耕亦已種，且還讀我書。窮巷隔深轍，頗回故人居。
歡言酌春酒，摘我園中蔬。微雨從東來，好風與之俱。
泛覽周王傳，流觀山海圖。俯仰終宇宙，不樂復何如。

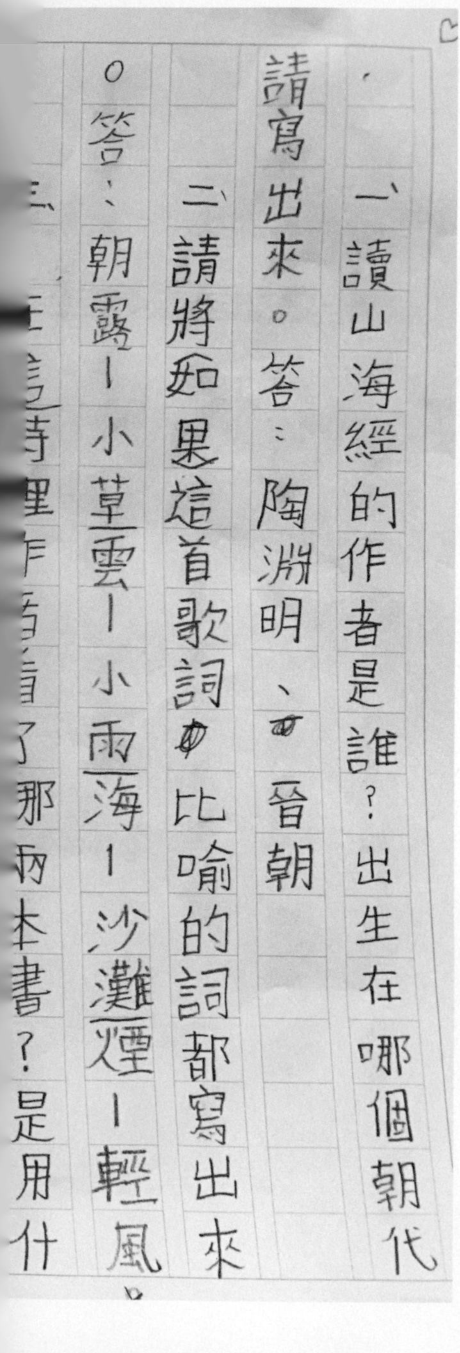

一、讀山海經的作者是誰？出生在哪個朝代
請寫出來。答：陶淵明、晉朝
二、請將如果這首歌詞的比喻的詞都寫出來
。答：朝露－小草－雲－小雨－海－沙灘－煙－輕風
三、在這詩裡作者指了那兩本書？是用什

麼態度，用原詩的動詞寫出來。

答：①周王傳、山海經②泛覽、流觀

四、1把在那銀色月光下的歌詞寫出來

在那金色沙灘上，撒著銀白月光。尋找往事蹤影，往事蹤影迷茫。尋找往事蹤影，往事蹤影迷茫。

往事蹤影迷茫，猶如幻夢一樣。你在何處躲藏，久別離的姑娘。你在何處躲藏，久別離的姑娘。

簡單一提，孩子們的考卷沒有分數，只有評析跟建議。

有一次，一份答得不算差的考卷我看了之後，卷上沒有任何批改，我把它另記於自己收存的紙上。

我告訴孩子說，假如這是一份以分數評分的考卷，上面會是個零，因為考卷上沒有名字。在這場考試中，寫名字是第一道試題。我已經用了一分鐘，說了三次，要他們把名字寫下，所以我可以確定，那一分鐘試卷的主人心不在。

這是一個提醒過度的教育年代，因而孩子本該不用提醒就應該完成責任的能力受損了。他們所犯的錯更常常在慈心愛意的美名下被包裝了。

年紀愈長愈知道人生的真實。長輩往往比父母更能同意讓孩子負起小責任，就是他認識未來人生大責任的開始。

一份沒有寫名字的考卷，本來就不該得到任何分數或評語，簽下名字是負責。

後記

一片真心教隔代

如果人生是一本好書，愈讀愈有趣的原因，是因為讀的人可以在熟悉的章節中翻開下一頁、期待新的發展。這本書記了我與年輕人和新生代孩子們的相處，是我人生中愈來愈有趣，也愈來愈謹慎的章頁，那心情正如書中「沒有代溝的叮嚀」一輯中的感嘆，嘆自己：何德何能？

我們「何德」，如此深入地進入了新生一代的成長過程，又要以「何能」把自己看重的觀念、確認過的被愛，行在不落伍的方式中，好好跟孩子們一起生活？

如果以我不夠聰明但自以為還算客觀的角度來看，在幾代人共處的社會中，代代對教養的想法，給我如此的印象：

上上一代資深者的反省與積極，源自於：希望很多事能重來。

正在養育孩子的父母：扛著尿布、奶瓶到大學那一浪接一浪的負擔、身心都沉重。

孩子們單純的希望是——吃喝玩樂夠舒服，不用上學更快樂。

現實中，似乎沒有人在自己階段上一直如願寬心。而這樣的幾代，無論是同活在一個大世界的地球，或小世界的家庭，都需要奠基於了解和同情的互助。

互助是一種愛！

我曾讀過這樣的一段話：

年輕人的愛是火燄——很美——熾熱猛烈，但火光搖曳。年長者如果有修養，愛心可以如媒，深燃透熱，不會熄滅。

這段話最使我感悟的是「如果有修養」當中的「如果」，為了自己能有使人遠近感覺溫暖的一天，我於是更掛念著要如何以一片真心來教隔代。

教養生活63

隔代不隔愛

作　者——蔡穎卿
全書照片提供——蔡穎卿
主　編——李麗玲
責任企劃——金多誠
封面暨內頁設計・排版——文皇工作室

總編輯——曾文娟
董事長——趙政岷
出版者——時報文化出版企業股份有限公司
一〇八〇一九台北市和平西路三段二四〇號七樓
發行專線——（〇二）二三〇六—六八四二
讀者服務專線——〇八〇〇—二三一—七〇五
（〇二）二三〇四—七一〇三
讀者服務傳真——（〇二）二三〇四—六八五八
郵撥——一九三四四七二四時報文化出版公司
信箱——一〇八九九臺北華江橋郵局第九九信箱

時報悅讀網——http://www.readingtimes.com.tw
時報出版愛讀者——http://www.facebook.com/readingtimes.fans
法律顧問——理律法律事務所　陳長文律師、李念祖律師
印　刷——金漾印刷有限公司
初版一刷——二〇二〇年九月三十日
定　價——新台幣四〇〇元
（缺頁或破損的書，請寄回更換）

時報文化出版公司成立於一九七五年，
一九九九年股票上櫃公開發行，二〇〇八年脫離中時集團非屬旺中，
以「尊重智慧與創意的文化事業」為信念。

隔代不隔愛 / 蔡穎卿著. -- 初版. -- 臺北市：
時報文化,2020.09
面；　公分.
ISBN 978-957-13-8381-1(平裝)

1.親職教育 2.親子關係

528.2　　109014049

ISBN 978-957-13-8381-1
Printed in Taiwan